ACHILL MOSER

ZU FUSS HÄLT DIE SEELE SCHRITT

GEHEN ALS LEBENSKUNST UND ABENTEUER

W0231064

dtv

Ausführliche Informationen über
unsere Autorinnen und Autoren und ihre Bücher
finden Sie unter www.dtv.de

Von Achill Moser ist bei dtv außerdem erschienen:
Unterwegs

Ungekürzte Taschenbuchausgabe 2018
3. Auflage 2020
dtv Verlagsgesellschaft mbH & Co. KG, München

Umschlaggestaltung nach einem Entwurf von Sarah M. Hensmann
© 2016 Hoffmann und Campe
Satz: pagina GmbH, Tübingen
Gesetzt aus der Minion und Brandon
Druck und Bindung: Druckerei C.H.Beck, Nördlingen
Gedruckt auf säurefreiem, chlorfrei gebleichtem Papier
Printed in Germany · ISBN 978-3-423-34938-3

INHALT

Ich habe mir meine besten Gedanken angelaufen,
und ich kenne keinen Gedanken, der so schwer wäre,
dass man ihn nicht beim Gehen loswürde.

SÖREN KIERKEGAARD

VORWORT

Nur zu Fuß hält die Seele Schritt

Wege entstehen dadurch,
dass man sie geht.

FRANZ KAFKA

Im Laufe meines Lebens habe ich schon so manches erlebt: dramatische Situationen, unliebsame Missgeschicke, wunderbare Begegnungen, beeindruckende Naturphänomene, leidenschaftliche Momente. Und doch gibt es für mich ein paar ganz simple Augenblicke, bei denen mir – im wahrsten Sinne des Wortes – immer wieder die Luft wegbleibt. Und obschon ich das, was mich sprachlos macht, bereits unzählige Male erlebt habe, bin ich dennoch jedes Mal wieder ergriffen und spüre eine prickelnde Erregung, die mich überkommt, wenn ich zu meinem gepackten Rucksack greife, ihn auf die Schultern nehme und zu einer neuen Reise aufbreche – und zwar zu Fuß.

Ich liebe das »Zu-Fuß-Reisen«. Es ist für mich eine Art Rückkehr zur Langsamkeit, ein Allheilmittel gegen die Stressfaktoren der Zivilisation, egal, ob ich auf dem Kolonnenweg der NVA an der ehemaligen innerdeutschen Grenze oder über die Alpen nach Italien unterwegs bin. Ich wanderte in China, Ägypten, Australien, Alaska, Kenia und durch die Prärie in Nordamerika, reiste auf vergessenen Karawanenwegen und alten Entdeckerrouten durch die Wüsten der Welt und folgte den historischen Reiserouten von Heinrich Heine, Gustave Flaubert, Sven Hedin oder Gerhard Rohlfs, dem großen Afrikaforscher. In Eis und Schnee war ich in Alaska und auf Island unterwegs, lief ›auf Schusters Rappen‹ durch Kastilien-La Mancha und begab mich auf die Spuren von Miguel de Cervantes und seinen unsterblichen Phantasiefiguren Don Quijote und Sancho Panza.

Straßen, Wege und Pfade führten mich auf allen fünf Kontinenten zu geschichtsträchtigen Orten und wundervollen Naturschönheiten. Entlang großer Flüsse ging ich durch Wälder, über endlose Ebenen oder Berge, hinauf und hinunter. Nicht zu vergessen: die vielen Städte – Florenz, Kairo, Marrakesch, Peking, London, Nairobi, Reykjavík –, durch die ich von einem Ende zum anderen spazierte, um im Gehen all die unspektakulären Kleinigkeiten zu erobern, die Geschichte und Geschichten erzählen.

Nichts bildet unser Leben besser ab als das Gehen. Es ist Sinnbild unseres Daseins, jeder Weg oder Pfad mit all seinen Höhen und Tiefen erscheint mir als Symbol des Lebens selbst.

In der Rückschau fällt mir vor allem ein Erlebnis ein, das meine Leidenschaft zum Gehen und Wandern weckte und das mich tief prägte, weil mein Leben von da an ganz anders verlief: Es war gegen Ende der siebziger Jahre. Damals war ich in den unwirtlichen, weitgehend wilden Norden Kenias gereist. Eine kaum bekannte Gegend im Osten Afrikas, fernab der Zivilisation. Dort lebten die Turkana auf einem Gebiet von der Größe Hollands. Ein Volk, das in jenen Tagen als kriegerisch und unregierbar galt. Alle Ver-

MIT GLEICHFÖRMIGEN SCHRITTEN WANDERN DIE TURKANA
DURCH KENIAS NORDEN.

suche der kenianischen Regierung, dem Nomadenstamm einen Übergang zur modernen Zivilisation zu ermöglichen, waren gescheitert, weil die Turkana ihre kulturelle Eigenständigkeit nicht aufgeben wollten. Ohne Sondergenehmigung war das Betreten dieser Region verboten.

Als Student der Afrikanistik faszinierte mich dieses Naturvolk, dessen Kultur grundlegend anders war als das, was ich kannte. Ich interessierte mich für diesen anarchistischen Stamm so sehr, dass ich schließlich den brennenden Wunsch verspürte, in den Norden Kenias zu reisen, um eine Zeit lang bei den Turkana zu leben. Natürlich war mir damals absolut klar, dass das Mitleben bei einem fremden Volk die sicherlich schwierigste Art ist, eine andere Kultur kennenzulernen. Doch was mich antrieb, war der Wunsch, eine Lebensform zu erleben, wie sie mir unsere westliche Zivilisation niemals bieten konnte. Ich wollte das Wesen eines Nomadenstammes erkunden, dessen Männer noch im 20. Jahrhundert kleine Holzpflöcke oder Patronenhülsen in ihren durchbohrten Ohrläppchen und Unterlippen trugen. Bunte Lederbänder und Eisenringe zierten ihre Ohren und Gliedmaßen, während sich die Frauen mit glattrasierten Schädeln, wulstigen Schönheitsnarben und bunten Perlenketten schmückten. Wie ein enger Kragen umschnürten Hunderte von Ketten ihren Hals. Niemals durfte eine Turkana-Frau aus traditionellen Gründen ihren schweren Perlenkranz ablegen, der zur Reinigung mit ranzigem Fett und Urin eingeschmiert wurde. Lebenslänglich ging eine Frau der Turkana in Ketten.

Das Unterwegssein mit ihren Tieren – Kamelen, Ziegen und Schafen – bestimmte größtenteils den Lebensrhythmus der Turkana, die zudem im Lake Rudolf (heute Turkana-See) mit kleinen Flößen aus Palmenstämmen Fischfang betrieben. Ein gefahrvolles Unterfangen, weil heftige Stürme, Flusspferde und eine große Krokodilpopulation den Männern die Fangarbeit erschwerten, sodass sie in erster Linie von der Viehwirtschaft lebten. Gleichwohl machten die vorherrschenden klimatischen Bedingungen die lebensnotwendige Nahrungs- und Wasserversorgung der Viehherden äußerst schwierig, sodass die Turkana mit den Gabbra im Norden und den Rendille im Süden ständig in kriegerischen Auseinandersetzungen standen. Nicht selten überfielen Krieger nachts ein Dorf der Nachbarstämme, um das Vieh der überrumpelten Gegner in die eigenen Pferche zu treiben. Dabei wurden oft Männer, Frauen und auch Kinder getötet. Selbst Polizei- und Militärpatrouillen gelang es seinerzeit nicht, trotz Einsatz modernster Ausstattung, die brutal durchgeführten Viehdiebstähle der nordkenianischen Stämme zu verhindern.

Ich lebte damals viele Monate bei den Turkana. Eine aufregende Zeit, in der ich ständig auf etwas Unvorhergesehenes vorbereitet war, und ich wusste es zu schätzen, als ich sie schließlich auf einigen ihrer Viehwanderungen durch Kenias Wüste begleiten durfte. Wanderungen, die selbst für die an extremste Entbehrungen gewöhnten Turkana als harte Prüfung galten. Hitze, Durst, Sandstürme und Raubtiere erwarteten mich, doch ich war begeistert, als ich mit den Turkana in das karge Wüstenland aufbrach.

Fast nackt – nur mit ein paar Tüchern um die Hüften oder Schultern und bewaffnet mit Speer, Schwert und Holzkeule – wanderten die hoch gewachsenen, sehr dunkelhäutigen Nomaden durch das dornige, rotbraune Land. Sie hielten ständig Ausschau nach Wasserstellen und Nahrung für ihre Herden. Hatten sie ein Dorf vor Augen, das ihr Ziel war, blieben die Männer stehen und warteten eine Weile. An-

IM NORDEN KENIAS WANDERTE ICH MIT SAMBURU-NOMADEN
DURCH EINSAME LANDSTRICHE. FÜR DIE SAMBURU UND
TURKANA IST DAS GEHEN EXISTENZIELLE DASEINSFORM.

fangs verstand ich es nicht. Warum taten sie das? Schließlich erklärten mir die Turkana – für die das Gehen nicht nur Lebensinhalt, sondern existenzielle Daseinsform ist – ihre Maxime: Nach einem langen Marsch warteten sie eine gewisse Zeit vor ihrem Zielort, damit ihre Seele sie einholt. Denn: *Nur zu Fuß hält die Seele Schritt.*

Seit jenen Tagen bei den Turkana ist das Gehen für mich zu einem Abenteuer geworden. Der Virus des Zu-Fuß-Reisens hatte mich gepackt. Ein Zugewinn an Lebensfreude, eine Form der Glückssuche. Und überall auf der Welt, wo ich mittlerweile zu Fuß unterwegs war, um durch die Magie des Gehens das Leben in seiner intensivsten Form zu empfinden, begleiteten mich die Worte der Turkana-Nomaden. Worte, die für mich eine Art Initialzündung waren, durch die ich phantastische Entdeckungen machte und mir ungeahnte Erfahrungen, Einsichten und Erkenntnisse erlief.

Meine eigene Weltanschauung kommt also vor allem durch die tatsächliche Anschauung der Welt zustande – und das geht natürlich am besten zu Fuß.

1

WENN DIE SEELE FREIRAUM BRAUCHT

Vom Loslassen und Aufbrechen

Wenn ich loslasse, was ich bin,
werde ich, was ich sein könnte.
Wenn ich loslasse, was ich habe,
bekomme ich, was ich brauche.

LAO TSE

Der Traum vom Ausbruch aus dem Alltag, vom freien und unbekümmerten Leben – wer hätte ihn nicht schon mal geträumt? Alles hinter sich lassen, den gepackten Rucksack schultern und einfach loswandern, zwecks Selbstfindung. Doch wer sich zu einem Auf- und Ausbruch entschließt, merkt zuweilen, dass das Entkommen aus den eigenen vier Wänden gar nicht so einfach ist.

Schon im Alter von 17 Jahren habe ich erfahren, wie schwer es ist, den ersten Schritt zu tun, wenn man eine Idee zur Veränderung seines Lebens hat. Damals, es waren die siebziger Jahre, ging ich noch zur Schule und nahm nebenbei alle möglichen Gelegenheitsjobs an, um mir das Geld für eine Reise ins exotische Marokko zu verdienen. Meine Eltern reagierten mit Bestürzung. »So was Verrücktes macht man nicht! Wer hat dir bloß solche Flausen in den Kopf gesetzt?« In endlosen Diskussionen musste ich mich erklären und rechtfertigen, weil scheinbar jeder Ausbruch aus dem gewohnten Alltag eine logische Begründung braucht. Gründe gab es, und sie gibt es auch heute noch zur Genüge.

Vor allem im Lauf der letzten Jahre wird der Wunsch nach Entschleunigung bei vielen Menschen immer größer. Irrsinnig schnell ist unsere Welt geworden, und die Auswirkungen auf unsere Psyche sind enorm. Viele Menschen fühlen sich gestresst, überfordert oder ausgebrannt, klagen über Hektik, Schlafstörungen und Depressionen, suchen nach Überschaubarkeit und einer neuen Balance, um dem unkontrollierbaren Hamsterradrennen zu entkommen. Gründe für kleine und große Fluchten sind also deutlich erkennbar, und wohl jeder kann sie für sich benennen, wenn man ehrlich zu sich selbst ist und sich eingesteht: Ich brauche mal eine Auszeit, muss einfach mal weg, weil mich der stetige Trott langweilt, weil mich Sehnsucht und Neugier treiben, weil ich durch das unablässige Funktionieren meine Begeisterungsfähigkeit verliere, weil ich mehr Zeit für mich selbst brauche, weil mir die ganze Geschäftigkeit über den Kopf wächst, weil ich ein Verlangen nach Veränderung spüre – und weil eine wachsende Unruhe schließlich zur zwingenden Kraft wird, die mich fortzieht.

Wenn sich bei mir derartige Signale einstellen, wehre ich mich anfänglich noch dagegen und gebe mir Mühe, relativ »normal« zu funktionieren. »Das gelingt dir aber nur selten«, meint meine Frau Rita – und sie hat Recht. Meine Stimmungskurve hängt in solchen Lebensphasen durch wie eine Trauerweide und dämpft die Lebenslust. Weltschmerztage. Manchmal wochenlang. Was mir hilft, ist *Potentialentfaltung*: Die Aussicht auf baldige Veränderung, denn das Leben ist ein Erkenntnisprozess. Und mit dem »Blick nach vorn« plane ich ein nächstes Unterwegssein, weil ich weiß, was mir fehlt – neue Begegnungen, neue Erfahrungen und die kontinuierliche Bewegung.

»Einfach loslassen – und alle Einengungen und Unsicherheiten beiseiteschieben«, das sagte ich mir damals, als ich im Alter von 17 Jahren zum ersten Mal nach Nordafrika reiste, und das sage ich mir noch heute, wenn ich zu einer neuen Wanderung aufbreche. Ohne *Loslassen* gibt es keinen Neuanfang. Und wer in seinem Leben wirklich etwas verändern will, muss das Loslassen lernen. Man muss sich lösen vom gewohnten Alltag; lösen von allem Materiellen; lösen von dem Gefühl, stets für alles verantwortlich zu sein; lösen auch von den Gedanken an die Zukunft. Denn wer Außergewöhnliches wagen will, muss auch bereit sein, die Konsequenzen zu tragen. Dazu gehören die Trennung von alten Gewohnheiten, das Lösen von persönlichen Bindungen und der Abschied von Liebgewordenem.

Die Entscheidung zum Loslassen war und ist für mich ein befreiender Ritus und eine wesentliche Voraussetzung, um sich auf den Weg zu machen. Natürlich wägt man vor einem Aufbruch alle Eventualitäten ab, durchdenkt das Geplante, prüft seine Beweggründe – und wenn man sich sicher ist, schiebt man mutig alle Warnungen beiseite, macht sich frei, um sein Leben selbst in die Hand zu nehmen und die eigenen Träume in Bewegung zu setzen. In solchen Entscheidungsphasen steckt sich mein Ego zumeist Watte in die Ohren, und voller Hoffnung sage ich mir: »Wenn nicht jetzt, wann dann?« Worte, die für mich seit vielen Jahren motivierender Antrieb sind. Denn der Mensch ist ein Nomade, und die Natur hat uns seit Jahrtausenden das Unterwegssein vorgegeben. Eine Tatsache, die wir in unserem übertechnisierten Alltag verdrängt und fast ver-

EINE WANDERUNG DURCH THÜRINGEN FÜHRTE MICH ZUM
LANGGESTRECKTEN GIPFELPLATEAU DES GEBABERGES, DER
751 METER AUS DER RHÖN AUFRAGT.

gessen haben. Der Mensch ist sesshaft geworden, und der enorme Zuwachs der Weltbevölkerung lässt einen natürlichen Wandertrieb nicht mehr ohne weiteres zu. Das wissen mittlerweile auch die Betreiber zahlloser Fitnessstudios, die wie Pilze aus dem Boden geschossen sind, um Menschen unterschiedlichen Alters in Bewegung zu bringen. Für mich ist das nichts. Meinen nomadischen Bewegungstrieb kann ich unmöglich auf einem elektronisch betriebenen Laufband ausleben. Was ich brauche, um meine körperlichen und sinnlichen Anlagen auszuschöpfen, ist ein Weg, ein Pfad, ein Stück freie Natur – und darüber ein grenzenloser Himmel.

In meinem »inneren Rucksack« habe ich dann immer eine Vision, nämlich die Vision eines einfachen und bewussten Lebens, gepaart mit einem respektvollen und nachhaltigen Umgang mit der Natur. Das humane Tempo ist das Maß.

Im Gehen, Schritt für Schritt, erlebe ich dann hautnah meine Umwelt, kann wieder staunen, mich wundern, mich freuen – und innehalten, wenn ich die ungeheure Vielfalt der kleinen Dinge am Wegesrand wahrnehme, die die Evolution hervorgebracht hat. Wir dürfen nicht aufhören, Suchende zu sein, wie es unsere nomadisierenden Vorfahren waren, sonst verlieren wir eines der größten Wunder des Lebens: die Entdeckerfreude.

2

DIE MAGIE DER PRÄRIE

Unterwegs im Mittleren Westen der USA

Ich ging von der Vernunft in das Gefühl,
von der Sicherheit in das Abenteuer,
vom Rationalen in den Traum.

ERICH MARIA REMARQUE

Eine sanfte Brise wehte über das ausgedörrte Präriegras. Es roch nach feuchtem Staub und Salbei. Irgendwo musste ein Regenschauer niedergehen, denn in der Ferne schwebte ein Regenbogen in den prächtigsten Farben. Es war noch früh am Morgen. »Das ist unsere heilige Zeit«, sagte mir ein Medizinmann der Sioux. »Da begegnest du dem Heiligsten, das durch die Farben des Himmels zu dir spricht.« Tatsächlich waren die Morgenstunden immer etwas Besonderes, wenn sich Lichtstreifen in rot, gelb und orange am östlichen Horizont zeigten, ineinanderflossen und sich durch eine aufreißende Wolkenlandschaft fächerartig in die Weite verbreiteten. Das waren magische Momente, in denen sich Vater Himmel und Mutter Erde im Einklang befanden. So hatten mir einige Sioux und auch Angehörige anderer Stämme vom Sonnenaufgang erzählt. Und so erlebte ich es nun selbst: Das aufziehende Tageslicht vertrieb die Nacht. Leuchtendes Goldgelb und die damit einhergehende Wärme berührten fühlbar die Erde. Durch die weiche Einstrahlung von außen öffnete sich irgendetwas, nahm mich auf. Ich spürte Kraft und Geborgenheit. Ein Gefühl so nahe an den Träumen, dass es süchtig machen konnte.

Seit zwei Monaten war ich zu Fuß im Mittleren Westen der USA unterwegs. In einer Region, wo die Mythen der Ureinwohner Amerikas allgegenwärtig sind. Unterwegs durch South Dakota, Wyoming und Montana, wollte ich einen Landstrich aus der Sicht des Zu-Fuß-Reisenden erleben, so wie einst die Paläoindianer diese Region erkundeten und zu ihrem Lebensraum machten, nachdem sie vor mehr als 10 000 Jahren aus dem Inneren Asiens über die längst im Meer versunkene Bering-Landbrücke nach Alaska kamen und Amerika erschlossen – lange vor Kolumbus.

Was mich trieb, war die Liebe zur Natur und das Interesse für die Geschichte der Besiedelung des amerikanischen Westens. Seltsamerweise schenke ich der Vergangenheit immer mehr Beachtung, je weiter unser übertechnisierter Fortschrittswahn in eine schwer überschaubare Zukunft führt, in der die Menschen vor allem ihre Effizienz unter Beweis stellen müssen. Schon seit langem habe ich den Eindruck, dass durch das permanente Vorwärtsdrängen in unserer zivilisierten Welt irgendetwas verlorengegangen zu sein scheint. Etwas Bedeutsames und Lebenswichtiges. Etwas, das mit unserem Daseinsgefühl, mit dem vielbeschworenen Sinn des Lebens zu tun hat. Etwas, das der moderne Mensch mittlerweile in der Natur sucht, bei uralten Völkern, deren Wissen und Weisheit im Laufe der letzten hundert Jahre in Vergessenheit geraten ist und zu entschwinden droht. Zum Beispiel jene Weisheit, die Grundsatz indianischer Philosophie ist und die mir Joe Curtis, ein 57-jähriger Cheyenne mit langem grauem Haar, tiefliegenden Augen und einem rotkarierten Holzfällerhemd auf einem

Parkplatz von Pine Ridge erzählte: »Nimm dich selbst nicht so wichtig; lausche und schaue in die Welt hinaus und nicht so viel in dich hinein; werde heimisch in der Welt deiner Mutter und deines Vaters und fühle dich in die Rhythmen der Natur ein.«

Um eine ganz unmittelbare Verbindung mit der Natur zu spüren, war ich nach South Dakota gereist, dem »Sunshine State«. Dort schulterte ich meinen Rucksack und machte mich auf den Weg in Richtung Nordwesten. Denn die Möglichkeit, das Aktive mit dem Kontemplativen zu verbinden, ist wohl nirgends so stark wie beim einsamen Gehen durch die Weiten grandioser Landschaften.

Grandios und einsam waren auch die Badlands zu Beginn meiner Wanderung. Ein über hundert Kilometer langes Sandsteingebirge mit zerfurchten Zinnen und Zacken, das sich inmitten der Prärie erstreckt. In Jahrtausenden haben Wind und Wasser selbst die härtesten Gesteinsschichten zu bizarren Formen geschliffen. Die Sioux nannten diese Region »Makoshika«, schlechtes Land. Das konnte ich sehr gut nachvollziehen, als ich in dieses Gebirge eintauchte. Vor allem in der Mittagshitze erschien mir das Berglabyrinth mit seinen Schluchten und Felstürmen aus hellem Gestein wie ein überdimensionaler Sonnenofen. Glutheißer Wind pfiff durch das Felsgewirr, das jährlich Hunderttausende von Besuchern durchqueren. Das unwirklich-gespenstische Felsgebirge, steinerne Attraktion und Ursprungsland zahlloser indianischer Legenden, wurde zum beliebten Nationalpark, nachdem die Sioux in Reservate verbannt worden waren.

Wenn am Abend die Sonne hinter den sich übergipfelnden Bergriesen verschwand und die wind- und wettergeschliffene Landschaft sich im Wechsel von Licht und

Schatten verwandelte, kamen mir die Badlands vor wie ein magisch-mystisches Reich, so wie es auch die amerikanischen Ureinwohner gesehen haben müssen. Dabei dachte ich an Pine Ridge, die Stadt im Süden von South Dakota, die ich vor meiner Wanderung besucht hatte.

Ich war mit dem Bus gekommen, und mit dem Bus hatte ich Pine Ridge wieder verlassen. Es war kein Ort zum angenehmen Verweilen. Denn hier sah ich den jämmerlichen Alltag der Sioux: zerfallene Behausungen, ungepflasterte Straßen, ausgeweidete Autos und fliegenumschwirrte Hundekadaver. Dazwischen zerlumpte Kinder, gebeugte Frauen und betrunkene Männer, obwohl der Verkauf von Alkohol im Reservat verboten war. Doch jenseits der drei Kilometer entfernten Grenze zum Bundesstaat Nebraska war Schnaps und Bier zu haben. Nirgendwo in den USA war die Arbeitslosenquote höher als rund um Pine Ridge. Und keine Gemeinde hatte ein geringeres Pro-Kopf-Einkommen.

Das, was aus dem stolzen Volk der Sioux geworden ist, steht nicht in den Geschichtsbüchern; ich konnte es in Pine Ridge erfahren. Die jahrzehntelange Kolonialpolitik der weißen Amerikaner hatte das indianische Volk zerbrochen – sie mussten dramatische Ausrottungsschlachten, die Vertreibung aus ihren Jagdgründen und die Verpflanzung in Reservate erleiden. Alle späteren Versuche, die Ureinwohner zu »rothäutigen Weißen« zu machen, raubten den Stämmen ihre Identität, und alle zweifelhaften Bemühungen, die *Native Americans* durch Subventionen auf den Standard des »American way of live« zu bringen, waren gescheitert.

Es versteht sich von selbst, dass mich die Elendsbilder von Pine Ridge auf meinem Weg entlang der Badlands im Kopf begleiteten, während ich weiter nach Nordwesten zog – dorthin, wo die Landschaftskulissen noch heute jede Sehnsucht nach Ursprünglichkeit erfüllen. Vollkommen unabhängig – mit Zelt, Proviant und Wasser – rastete ich immer dort, wo es mir gefiel: auf einem freien Hügel, an einem Flusslauf, in der Nähe einer Bergkulisse oder inmitten der Prärie. Hinsetzen, schauen, staunen. Und nachts, wenn die silberne Mondscheibe einen milchigen Schimmer auf das Land streute, lag ich unter dem Sternengefunkel und kroch erst dann in mein Zelt, das ich an einer geschützten Stelle aufgebaut hatte, wenn ich mich am glitzernden Himmel sattgesehen hatte. Keine Sternschnuppe wollte ich verpassen.

Tagsüber, beim stetigen Gehen auf schnurgeradem Asphalt oder sandigen Pfaden, stellte sich alsbald auch das passende Gefühl ein, das mir die Prärie vermittelte. Ich spürte Ungebundenheit und Bewegungsfreiheit, während ich mit großen, raumgreifenden Schritten voranlief. Der stahlblaue Himmel, das endlos ausrollende Land und mein gleichmäßiges Schritttempo gaben den Tagen einen betörenden Gleichklang. Vor allem durch die Ruhe des Gehens konnte ich mich allmählich an die ungewohnte Landschaft anpassen, in der ein anderer Puls schlug, die Sonne ein anderes Licht vom Himmel warf und die indianischen Mythen – trotz aller Veränderungsprozesse – erfahrbar schienen. Schließlich war es hier, wo die Ureinwohner einst die weiten Ebenen durchstreiften auf der Jagd nach Bisons, die zu Beginn des 19. Jahrhunderts noch millionenfach über die Great Plains zogen.

Mittlerweile leben in der Südwestecke South Dakotas nur noch rund zweitausend Bisons, dennoch ist es die größte Herde der USA. Auf sie traf ich im Grasland des Custer State Parks. Im ersten Moment mochte ich meinen Augen kaum trauen, als ich in der Ferne Hunderte dunkelbrauner Pelzrücken sah, die über das hügelige Land wanderten. Wie Fabelwesen aus einer anderen Welt erschienen mir die zotteligen Riesen, die immer wieder äsend stehen blieben, um Gras, Kräuter, Moose und Flechten zu fressen. Was für ein Anblick! Über drei Meter sind die ausgewachsenen Bisons lang, sollen bis zu 900 Kilo wiegen, so hatte ich gehört. Und dennoch seien die Tiere unglaublich schnell, erreichten eine Geschwindigkeit von fünfzig Stundenkilometern.

All das schreckte mich nicht, als ich den Bisons näher kam, während der sanfte Wind die hohen Gräser wiegte. Ganz nahe wollte ich den Tieren sein. Warum? Ich weiß es nicht. Etwas Unerklärliches trieb mich zu ihnen.

Mein bester Schutz war der Wind, als ich mich auf eine Bison-Gruppe zu bewegte, die in einem Meer aus Gras, Salbei und Dachtrespe standen. Sorgsam achtete ich darauf, dass ich gegen den Wind oder mit dem Seitenwind ging. Und als mich nur noch wenige Meter von zwei äsenden Bisons trennten, hoben die beiden Tiere plötzlich ihre Köpfe und blickten in meine Richtung. Wie festgenagelt blieb ich stehen, verhielt mich ganz ruhig, auch die schussbereite Kamera benutzte ich nicht. Angespannt beobachtete ich die beiden mächtigen Tiere, sah die hohen Buckel der Vorderkörper, die ein Dreieck formenden Köpfe, die kräftigen Bärte und die kurzen, gebogenen Hörner. Und ich sah die braun-metallisch glänzenden Augen, in denen sich mir die ganze Wildheit der Bisons offenbarte. Doch Angst spürte ich nicht, es war eher Faszination. Trotz dieses penetranten Geruchs, der von den staubverklebten Tieren ausging. Ein Geruch, so beißend-streng, der mir fast den Atem nahm.

Auge in Auge stand ich den Bisons eine ganze Weile gegenüber, die sich irgendwann abwandten und gemächlich davonwanderten. Ich war erstaunt über ihre Gleichgültig-keit, die sie mir gegenüber zeigten, und – auch wenn es sich verrückt oder leichtsinnig anhört – ich beschloss spontan, den Tieren zu folgen.

Einen Tag lang wanderte ich mit größter Vorsicht in un-mittelbarer Nähe der Bisons, wobei sich der Abstand immer dann vergrößerte, wenn die Herde – ohne für mich ersicht-lichen Grund – plötzlich zu galoppieren begann, mit wild wirbelnden Hufen, die ein dumpfes Grollen verursachten. In das staubige Trampeln mischte sich dann dröhnendes Blöken, das wie fernes Gewittergrummeln klang.

Zu Fuß brauchte ich natürlich eine gewisse Zeit, um die Bisons in der Prärie wieder einzuholen. Dabei drifteten meine Gedanken beim Gehen in den fast kniehohen Gras-flächen in jene Zeit, als die spanischen Konquistadoren unter Francisco Vásquez de Coronado Mitte des 16. Jahr-hunderts die nordamerikanischen Grasländer erreichten. Damals erstreckten sich die großen Grasebenen, nur von einigen Flussläufen und Baumstreifen unterbrochen, über eine Fläche von 3,6 Millionen Quadratkilometern. Ein schier grenzenloses Grasland, das die französischen Ent-decker ein Jahrhundert später »prairie«, Wiese, nannten. Es war die Heimat von Millionen Bisons, die, wie einst die Paläoindianer, über die vereiste Bering-Landbrücke von Asien nach Amerika gekommen waren, ehe sie sich über den ganzen Kontinent ausbreiteten.

Mittlerweile hat sich die Prärie gewaltig verändert. Nur vereinzelte Flecken der einstmals unermesslichen Gras-weiten sind heute noch in unverändertem Zustand. Der Veränderungsprozess in diesem komplexen Ökosystem begann mit den ersten Siedlern im 17. Jahrhundert, die in dem schier grenzenlosen Grasland einen idealen Boden

IN SOUTH DAKOTA TRAF ICH AUF EINE DER LETZTEN GROSSEN
BISONHERDEN.

für ihre Pflanzungen fanden. Kultivierte Sorten der Graminaceen (Süßgräser) wurden angebaut und verdrängten die widerstandsfähigen Präriepflanzen. Vor allem seit der Erfindung der Pflugschar aus gehärtetem Stahl zu Beginn des 19. Jahrhunderts wurde das Prärieland mehr und mehr bewirtschaftet. Farmer und Rancher verwandelten große Teile der wildwuchernden Ebenen in ertragreiches Acker- und Weideland, zerstörten die jahrtausendealte Grasdecke, bestehend aus Blaustengelgras, Fuchsschwanzgerste und Büffelgras. Hinzu kamen ein sinkender Grundwasserspiegel und eine immer stärkere Erosion, was dazu führte, dass aus vielen fruchtbaren Gebieten wüste Landstriche wurden.

Ganz anders war es, als die ersten Siedler mit ihren Planwagen über die »Great Plains«, die großen Ebenen, rollten. Beim Anblick des im Wind wogenden Graslandes, das sich wie eine Dünung zum Horizont ersteckte, drängte sich ihnen der Vergleich mit dem Meer auf. Und auch mir kamen ähnliche Vergleiche in den Sinn, obwohl sich heute auf dem einstigen Prärieland nicht nur wilde Gräser im Wind wiegen, sondern auch viele Getreidearten.

Gleichwohl empfand ich die weiten Ebenen beim stetigen Gehen nie als eintönig. Vor allem die sich überbuckelnden Hügelketten ließen die herrliche Ausdehnung des Landes noch gewaltiger erscheinen. Zudem setzten busch- und baumgesäumte Flussläufe, kleinere Monolithe und bizarre Felsformationen viele landschaftliche Akzente. So auch die Black Hills, ein Gebirgszug mit dichten Wäldern, wilden Flüssen, schroffen Felsformationen, weiten Grasebenen und schimmernden Seen. Vom Westen South Dakotas erstreckt sich dieses spektakuläre Waldgebirge bis ins nordöstliche Wyoming, umfasst eine Fläche von etwa einhundert mal zweihundert Kilometer. Seinen Namen erhielt dieser Landstrich aufgrund der dunklen Ponderosa-Kiefern. Schon von weitem wirkte der dichte Nadelwaldbewuchs wie eine fast schwarze Wand.

Als ich mich anderntags den Black Hills näherte, traf ich – völlig überraschend – auf eine Ansammlung von Werbeschildern. Auf riesigen Billboards las ich Freizeitangebote für Biker und Hiker, Kanuten und Wild-West-Fans. Reklametafeln warben für Wasserparks, Krokodilfarmen und Wachsmuseen. Für South Dakota ist dieses Feriengebiet zu einer wichtigen Einnahmequelle geworden. Mehr als 600 Millionen Dollar an Einnahmen aus dem Tourismus werden jährlich in die Staatskasse gespült, obgleich die Black Hills eigentlich den Lakota-Sioux gehören. Es ist ihr Geburtsort: »Wamaka Og'naka l'Cante«.

Die Schönheit von Bergwelt und Prärie erschloss sich mir dagegen im Westen der Black Hills, wo sich der Wind Cave National Park erstreckte – mit ausgedehnten Grasflächen und offenem Land, das an der Nahtstelle zu den Gelbkiefern-wäldern der Black Hills lag. Ein großartiger Naturgroßraum, in dem sich Bisons, Wapiti-Hirsche, Gabelhorn-Antilopen, Präriehunde und Kojoten frei bewegten. Alles war hier so wahnsinnig nahe und unfassbar groß. Und während ich von einer Weg- oder Pistenwindung zur nächsten lief, von einer baumbewachsenen Hügelkette zur anderen wanderte, konnte ich mich nicht sattsehen an den vielfältigen Farben der Landschaft: So grün, so braun, so orange. Und darüber eine riesige Fläche von Blau. Ein erhebender Anblick.

Es ist vor allem die Zweiteilung dieser Region, die den Wind-Cave-Nationalpark so einzigartig macht. Während die Hochebene der südlichen Black Hills von endlosen Mischgrasebenen, ausgedehnten Wäldern, tiefen Fluss-tälern und zerklüfteten Bergketten geprägt ist, befindet sich unter der Erde ein riesiges Höhlensystem, das sich über mehr als 220 Kilometer erstreckt.

Um das geheimnisvolle Geflecht von Gängen, Tunneln und Kammern zu erleben, kehrte ich der Sonne den Rücken und schloss mich einer Höhlenführung an. Über zahllose Stufen ging es in die Tiefe, wo die Durchschnittstemperatur neun Grad Celsius betrug. Alle Besucher waren mit Jacke, langer Hose und festen Schuhen ausgerüstet. Manch einem wurde in der Dunkelheit ein bisschen mulmig. Doch die Faszination überwog, als ein Ranger wissenswerte Informationen zur Entstehung des unterirdischen Wegesystems gab: Vor 60 Millionen Jahren hatten tektonische Bewegungen die Black Hills angehoben und in den tiefer gelegenen Kalksteinschichten hatten sich zahllose Spalten gebildet, in die Wasser eindrang und das Gestein in Jahrmillionen aushöhlte. Erst 1881 wurde die Höhle entdeckt. Siedler hatten in unmittelbarer Nähe einen stetigen Pfeifton bemerkt und fanden ein kleines Loch, durch das der Wind blies. Dieses Loch wurde vergrößert und bildet heute den Eingang zur »Wind Cave«, in deren Labyrinth nach wie vor ein deutlicher Luftzug spürbar war.

Höhepunkte des Höhlenzaubers waren nicht Stalaktiten und Stalagmiten, von denen es aufgrund der großen Trockenheit nur wenige gab, sondern kunstvolle Gesteinsformationen, farbenprächtige Felswandschattierungen sowie mineralische Kalkspatgebilde (auch »Boxwork« genannt), die an den Decken und Wänden gewachsen waren. Diese Kalzium-Formationen, die an unregelmäßige Honigwaben erinnern, gelten als schönste Steinwaben der Welt.

Überdies ist die Wind Cave eng verbunden mit der Herkunftsgeschichte der Lakota-Sioux. In einer Legende heißt es, dass sie vor 10 000 Jahren durch das verzweigte Höhlensystem aus den Tiefen der Erde in das Licht dieser Welt geklettert seien.

Sobald ich aus der Höhle ans Tageslicht getreten war, schwelgte ich beim Sonnenuntergang im Farbenrausch. Ein großer, gelber Ball schwamm im rot-violetten Himmel, berührte irgendwann die Erde und sank als orangegoldener Punkt hinter den Horizont. Das waren Momente, die meine mystische Saite zum Klingen brachten. Momente, in denen ich die Farben des verlöschenden Lichtes in mir speichern wollte. Doch plötzlich merkte ich, dass mein innerer Bilderspeicher voll war. Nichts konnte ich mehr in mich aufnehmen, auch wenn Himmel oder Landschaft noch so schön waren. Meine Sinne waren übersättigt. Zu viel hatte ich in den vergangenen Wochen gesammelt und in mir eingelagert. Das Außergewöhnliche erschien mir auf einmal ganz normal. Visueller Overkill: Jede Bergkette war überwältigend, jeder Wald märchenhaft, jeder Flusslauf atemberaubend, jeder Wasserfall imposant. Und alles war intensiv, kaum zu verkraften. Kein Wunder, dass meine Wahrnehmungsfähigkeit abstumpfte.

Kopf und Augen brauchten Besinnung. Also gönnte ich mir auf einem Campingplatz des Wind-Cave-Nationalparks, nördlich des Visitor Center, ein paar Tage Gemütsruhe, schrieb Tagebuch und las in Dee Browns Buch *Begrabt mein Herz an der Biegung des Flusses*, in dem der amerikanische Autor die Eroberung des Westens durch den weißen Mann aus der Sicht der Indianer schildert. Hier traf ich anderntags auch Russell, einen vierzigjährigen Lakota-Sioux mit schulterlangem schwarzem Haar, Plastik-Schirmmütze und Jeanshemd. Eine Zigarette steckte lose in seinem Mundwinkel, als er sein knallgrünes Wohnmobil neben meinem Zelt parkte.

»Ich heiße Russell Tahomy«, stellte er sich vor, reichte mir zur Begrüßung die Hand, holte zwei Dosen Bier aus dem Fond seines Wagens und setzte sich ins Gras. Ich machte es ihm nach, als er mit der flachen Hand auf den Boden klopfte und sagte: »Das hier ist mein Land, meine Erde.« Ich nickte nur, als er dann fragte: »Was machst du hier? Bist du allein unterwegs?«

»Ja, ganz allein«, erwiderte ich und berichtete von meiner Wanderung.

»Das zeugt von Sinn und Verstand«, sagte er nachdenklich. »Einen Fuß vor den anderen setzen, das ist die beste Methode, um *unser Land* kennenzulernen. Die meisten Amis fahren doch nur mit ihren Pick-up-Trucks herum. Niemand läuft mehr zu Fuß. Vielleicht sollte ich auch mal wieder durchs Land wandern. Früher habe ich das oft getan, aber zurzeit habe ich eine Menge zu tun.«

Dann erzählte Russell von seiner Frau und seinen vier Kindern, mit denen er im Norden von South Dakota lebte. Ich erfuhr, dass er in den Sommermonaten von einem Indianerfest (Pow-wow) zum anderen fuhr, um traditionelle Accessoires zu verkaufen.

»Die Leute lieben das Zeug«, meinte er und öffnete die Hintertür seines Wohnmobils. Neben Bett, Gaskocher und Eisschrank stapelte sich indianische Festkleidung und alles, was dazugehörte. Ich sah Lederjacken, Hosen und Westen mit langen Fransen, buntbestickte Mokassins, Kopfhauben aus Stachelschweinborsten oder Adlerfedern, kleine Tierfelle, perlenbestickte Stirnbänder, Muscheln, Ketten, Armbänder, Tierzähne, Adlerkrallen, Knochenstücke, Tomahawks, Messer, Pfeile und Bogen, verzierte Köcher, weiße Glasperlen und Metallapplikationen.

»All das verkauft sich auf den Pow-wows richtig gut«,

meinte Russell mit einem Augenzwinkern. »Manche Touristen können gar nicht genug davon bekommen. Aber nur wenige nehmen wirklich Anteil an unserer Geschichte.«

Ich nickte. Traditionelles Kunsthandwerk lässt sich leider meist besser verkaufen als politisches Engagement.

Als wir uns wieder ins Gras setzten, klopfte Russell erneut mit der Hand auf den Boden. »Das ist unsere Erde, unsere Mutter. All die Flüsse, Wälder und Berge, die du hier ringsum siehst, gehören den Indianern. Das hier ist Indianerland.«

Und Russell erzählte mir die bittere Geschichte der Black Hills, während seine Augen in die Weite blickten und etwas zu sehen schienen, was ich nicht sah: 1868 bestätigte Washington im Vertrag von Fort Laramie den Lakota-Sioux das Land der Black Hills – für alle Zeiten – als unverbrüchliches Eigentum. Man garantierte ihnen uneingeschränktes Jagdrecht und versprach Kleidung, Nahrungsmittel, Lehrer und ärztliche Versorgung. Als Gegenleistung stimmten die Ureinwohner dem Bau einer Eisenbahnlinie zu und gewährten den weißen Siedlern die freie Durchfahrt nach Westen. Der Vertrag war nur mit der Zustimmung von mindestens drei Vierteln aller erwachsenen Sioux-Männer zu ändern oder zu kündigen. Doch nur wenige Jahre später, im Jahre 1874, entdeckte eine Expedition unter General George Armstrong Custer in den Black Hills Gold. Tausende von Glückssuchern drangen rechtswidrig in das Sioux-Gebiet und begannen die Erde umzugraben. Die Sioux wehrten sich und Washington schickte die Armee. Grausame Massaker waren die Folge. 1877 wurde der Vertragsbruch der weißen Eindringlinge durch einen Kongressbeschluss »legalisiert«. Endgültig verloren die Sioux die Black Hills, wurden in Reservate verbannt.

Ohnmächtig mussten die Sioux die Ausbeutung ihrer heiligen Berge erleben. Ein großer Teil wurde Staatsforst, Sägewerke entstanden, und weiße Pächter erhielten Schürfrechte. So gründete auch der Kalifornier George Hearst in Deadwood im Norden der Black Hills die »Homestake«-Goldmine, die zur ertragreichsten ganz Amerikas werden sollte. Nur 10 000 Dollar investierte er in das Unternehmen und holte Gold für mehrere Milliarden Dollar aus der Erde. Damit nicht genug. Später, im 20. Jahrhundert, etablierten sich Freizeitparks für Touristen – und aus dem Fels des Mount Rushmore wurden vier riesige Gesichter von amerikanischen Präsidenten gesprengt und gemeißelt – Washington, Jefferson, Lincoln und Roosevelt.

Dieser Landraub der USA ist noch heute Gegenstand harter Konfrontationen zwischen den Vertretern der Sioux und der Regierung. Denn den Sioux gilt das Bergland der Black Hills, »Paha Sapa«, als heilige Erde. Hier befindet sich auch der »Bear Butte«, ihr heiliger Berg, wo den Urvätern der »Große Geist« erschienen sein soll. Und hierher pilgerten die Sioux seit Anbeginn ihrer Geschichte – und pilgern auch noch heute zur »vision quest«, die aus einem vier Tage und Nächte langen Fasten besteht, um zu Selbstbesinnung und Erleuchtung zu gelangen. Dieser Berg, der in der Religion der Sioux die gleiche Bedeutung besitzt wie für die Juden und Christen der Berg Sinai, wo Moses die Zehn Gebote empfing und die Grundlagen der jüdisch-christlichen Glaubenslehre verkündete, wurde schließlich – rücksichtslos – für den Tourismus erschlossen. Ein staatlicher Park mit asphaltierter Zufahrt, Parkplatz, Besucherzentrum und Wanderpfaden entstand, sodass die Sioux heute, wenn sie ihre religiösen Rituale verrichten wollen, um Genehmigung bei den Parkwächtern bitten müssen. Diese wird ihnen zwar auch erteilt. Allerdings beobachten oft neugierige Besucher die Zeremonien und stören diese nicht selten.

Als ein Teil der Sioux-Familie 1923 das Gebiet der Black Hills für sich zurückforderte, entbrannte ein juristischer Streit zwischen der Regierung der USA und ihren Ureinwohnern. 1980 bot der Supreme Court den Lakota-Sioux eine Entschädigung von 106 Millionen Dollar an. Doch der Wert der heiligen Erde war für die Indianer nicht in Geld zu beziffern. Sie wollten keine Entschädigungsdollars aus Washington. Sie wollten ihr heiliges Land zurück, das Soldaten, Goldgräber und Siedler ihnen einst gestohlen hatten.

Dass diese Forderung nicht leeres Gerede war, erkannte man in Washington, als in den achtziger Jahren des 20. Jahrhunderts Mitglieder des »American Indian Movement« (AIM) in Kompaniestärke, mit Frauen und Kindern, in ein 325 Hektar großes Staatsforsttal marschierten. Am Ostrand der Black Hills schlugen die Indianer ihre Zelte auf und erklärten diese Region zum »besetzten Gebiet«. Kompromisslos forderten sie die gesamte Landrückgabe der 7500 Quadratkilometer großen Black Hills, um einen eigenen Staat zu gründen – mit eigener Sprache, eigenem Gesetz und eigenem Schulsystem. Kurzum: Sie wollten die Unabhängigkeit vom weißen Amerika.

Die Konfrontation mit dem US-Staatsapparat blieb aus. Washington verhielt sich still, sodass sich die Besetzer auf eine genügsame, aber dauerhafte Existenz in den Black Hills einrichteten. Sie bauten Gemüse an, unterrichteten ihre Kinder unter freiem Himmel und versorgten sich gelegentlich mit Wild, obgleich die Indianer »offiziell« das behördlich auferlegte Waffenverbot befolgen. Das gilt noch heute. Nur: Seit 2013 erlaubt ein neues Gesetz in South Dakota (nach einem Schulmassaker), dass Lehrer zum Schutz ihrer Schüler Waffen tragen dürfen.

Gleichwohl empfindet die Mehrheit der Sioux, vertreten vom gewählten Rat der Stammesältesten, die Freiheitsträume der radikalen AIM-Fraktion als utopisch. So verlangen ihre Anwälte kein Land zurück, das an Gesellschaften oder Privatleute verkauft oder verpachtet worden ist. Sie wollen niemanden vertreiben, der in den Black Hills seine Existenz hat. Was sie wollen, ist die Korrektur historischen Unrechts, verbunden mit der Rückgabe dessen, was in den Black Hills noch nicht zerstört ist: die Wälder, die als Staatsforst verwaltet werden.

Überdies haben die Sioux schriftliche Anträge ihrer Forderungen bei den Vereinten Nationen und dem Internationalen Gerichtshof in Den Haag eingereicht.

*

Als ich am nächsten Morgen meinen Schlafsack und das Zelt zusammenpackte, schenkte mir Russell eine Adlerfeder.

»Das Symbol des freien Königs der Lüfte. Du musst sie hinten an dein Hutband stecken, dann wird die Feder dir Energie und Glück bringen. Denn der Adler fliegt hoch über uns und trägt unsere Wünsche und Gebete zum Großen Geist«, sagte er und umarmte mich.

Ich wusste nicht, was ich sagen sollte, bekam nur ein »Danke« heraus. Dann schulterte ich den Rucksack und machte mich wieder auf den Weg. Mein nächstes Ziel war der 265 Meter hohe Devils Tower in Wyoming. Ein von der Erosion freigelegter Lavaturm, der sich inmitten dichter Kiefernwälder und ausgedörrter Grasflächen erhebt.

Der ehemalige Schlot eines Vulkans, dessen Fuß von Schutthalden umgeben war, hat einen Durchmesser von fast 150 Metern. Die ungewöhnliche Form des Berges machte den Devils Tower zu einem Gegenstand der indianischen Mythologie. Lange Zeit galt er den Präriestämmen als Wohnsitz der Grizzlybären, die mit ihren Krallen die vertikal-gestreifte Säulenstruktur in das Gestein gekratzt haben sollen, nachdem sie sieben kleine Indianermädchen verfolgt hatten. Die Legende erzählt, dass die Mädchen in ihrer Not auf einen Felsbrocken kletterten, den sie dann anflehten: »Fels, habe Mitleid mit uns, Fels, rette uns.« Der Gesteinsklotz erhörte die Mädchen und wuchs in die Höhe, während die wütenden Bären den Felsenturm ansprangen und tiefe Rillen in die Gesteinswände kratzten. Bis in den Himmel hinauf wuchs der Fels, wo die Mädchen zu sieben kleinen Sternen am Firmament wurden.

*

Weiter nach Westen versprach der Blick auf die Karte Einsamkeit. Die Sonne brannte vom Himmel und der Schweiß lief. Zwei Blasen wuchsen mit jedem Schritt an meinem rechten Fuß. Und auch der Brustgurt und die Schulterriemen drückten, sodass ich immer wieder rastete, den Rucksack abnahm und die Gurte verstellte. Meist setzte ich mich für zwanzig Minuten auf einen Stein oder ins Gras, zog die Stiefel und Socken aus, damit die Füße sich etwas erholen konnten. Und wenn ich die Feldflasche an meine Lippen führte, wurde mir jedes Mal bewusst, welch ein Genuss Wasser sein kann.

Jenseits von Sheridan, das unweit der Bighorn Mountains liegt und das ich links liegenließ, wuchs anderntags aus einer schwarzen Wolkenbank ein dumpfes Gewittergrollen. Blitze zuckten. Donner krachte. Dann begann es zu regnen. Doch es war nicht einfach nur Regen. Das waren sintflutartige Güsse, die mich im Nu klatschnass machten. Wasser rann mir vom Hut und übers Gesicht. Selbst mein roter Poncho, den ich mir übergeworfen hatte, bot vor dem strömenden Regen keinen ausreichenden Schutz. Ich hielt nach einer Farm, einem Haus oder einer Scheune Ausschau, um die Nacht irgendwo im Trockenen zu verbringen, doch ich konnte nichts entdecken. Die dünnbesiedelte Weite wirkte wie ausgestorben.

Gegen Abend, als der Regen endlich nachließ, erreichte ich eine Farm. Ich stieg die hölzerne Veranda hinauf und klopfte an die Tür. Ein hochgewachsener Mann um die vierzig, mit Bauch, Bart, Jeans, Cowboystiefel und Sweatshirt, öffnete.

»He, hast du dich verirrt?«, fragte er und ließ seinen Blick an mir herabwandern.

Ich sah furchtbar aus, fühlte mich wie eine wassergetränkte Vogelscheuche, was meinen Gegenüber aber nicht zu stören schien. Also sagte ich meinen Namen und erzählte mit einem betretenen Lächeln von meiner Wanderung.

»Dann komm mal rein. Ich bin John«, sagte der Bartträger und wies mit dem Arm quer durch die Wohnküche zu seiner Frau: »Das ist Marie.«

Auch sie begrüßte mich freundlich und rückte mir einen der Stühle zurecht, die rund um einen großen Holztisch standen. Kaum hatte ich Platz genommen und meine nasse Kleidung abgelegt, schenkte mir Marie einen Becher dampfenden Kaffee ein, den ich mit beiden Händen umfasste und zum Mund führte. Was für eine Freude, den ersten Schluck zu schlürfen.

Ungezwungen plauderten wir eine ganze Weile, und als ich fragte, ob ich mein Zelt für eine Nacht auf dem Hof aufbauen könnte, legte mir John eine Hand auf die Schulter und sagte: »Das kommt gar nicht in Frage. Wir haben reichlich Platz bei uns im Haus, wenn du bei uns übernachten möchtest.«

Nichts tat ich lieber. Mal wieder ein Dach über dem Kopf, das konnte ich gut vertragen. Ich freute mich über das Angebot, genauso wie über die Möglichkeit, ihre Dusche zu benutzen. Herrlich war's, als das lauwarme Wasser über meinen Körper lief und ich den ganzen Dreck und Schweiß mit Seifenschaum abspülte. Dass dabei die Blasen an meinem Fuß zerplatzten, störte mich kaum.

Später saß ich mit Marie und John in der Küche. Um die Deckenlampe summten die Fliegen, und über dem Herd köchelte eine Gemüsesuppe, die Marie schließlich in einer großen Terrine auf den Tisch stellte. Dazu gab es ein paar Sandwiches und Bier. Gemeinsam aßen wir zu Abend, und ich erfuhr, dass John und Marie seit zehn Jahren mit ihren drei Kindern auf ihrer Farm im einsamen Süden von Montana lebten.

»Es ist kein einfaches Leben«, meinte John. »Nichts wird einem geschenkt, doch Getreide wird immer gebraucht.«

Marie war früher aufs College gegangen, hatte ihre Ausbildung aber irgendwann abgebrochen, um mit John ein Farmerleben zu führen, das ihr viel abverlangte. Doch beide wirkten ausgeglichen und zufrieden. Bis weit nach Mitternacht sprachen wir über das Farmerleben in Montana, über meine Wanderung – und über Gott und die Welt. Irgendwann konnte ich meine Augen kaum noch aufhalten. Hundemüde fiel ich in ein weiches Bett.

Über Nacht hatten sich die Regenwolken verzogen. Fahlblaue Helligkeit lag über dem feuchtschweren Ackerland, als ich nach einem deftigen Frühstück – es gab Spiegeleier mit Schinken, Tomaten, Bohnen und Toast – die Stiefel schnürte. Noch einmal prüfte ich die Trittfestigkeit meines rechten Fußes. Waren die aufgeplatzten Blasen wieder belastbar? Ja, alles okay. Dann schulterte ich den Rucksack und zog den unteren Riemen um die Taille fest.

Beim Abschied spürte ich etwas Wehmut. Zum einen bin ich immer froh und dankbar, wenn ich so wunderbare Menschen kennenlerne, doch auf der anderen Seite ist es oft nicht leicht zu gehen, weiß ich doch, dass die Wahrscheinlichkeit groß ist, dass ich sie nicht noch einmal treffen werde.

Die Kinder von John und Marie, fünf, sechs und acht Jahre alt, begleiteten mich noch ein Stück. Dann blieben sie lachend zurück, während ich ein großes Stoppelfeld querte. Vertieft in den Anblick der Umgebung, fiel ich wieder in einen gleichmäßigen Takt und machte Strecke. Ich lief am Tag mal fünfzehn, mal zwanzig, mal dreißig Kilometer. Niemand drängte mich. Ohne einen festen Zeitplan wanderte ich aus reiner Freude, richtete mich nach dem Wetter und nach der Beschaffenheit der Wege, Pfade, Pisten oder Straßen. Jeden Tag gab es etwas Neues. Viele Begegnungen und Erlebnisse. Manchmal war es die Sonne, die, nicht zu heiß, meinen Gliedern beim Laufen die lockere Geschmeidigkeit verlieh. Ein anderes Mal waren es Mischlingsköter, die streunend über die Felder liefen und sich kläffend an meine Fersen hefteten. Dann wieder war es ein Wapiti-Hirsch, den ich an einem Flusslauf im violetten Schein der Abendsonne entdeckte – oder es war das eintönige Brummen eines Wagens, der über eine Schotterpiste fuhr. Am Steuer ein alter Cheyenne, der auf dem Weg zu einem heiligen Berg war, von dem ich noch nie gehört hatte. Dort wollte der Alte das Göttliche auf seine ganz persönliche Art und Weise erfahren.

*

Dann Montana. »Big Sky Country«, Land des weiten Himmels, nennen die Einheimischen ihren Staat, weil sich das grandiose Blau über der offenen Ebene grenzenlos dehnt. Zudem bietet Montana viel Einsamkeit. Auf einer Fläche größer als die Bundesrepublik leben nur rund 800 000 Menschen. Noch vor zweihundert Jahren siedelte in dieser Region kein Weißer. Erst in den Gründerjahren, als man die Ureinwohner in Reservationen gedrängt hatte, die riesigen Bison-Herden abgeschlachtet waren und 1889 Montana 41. Staat der USA wurde, schnellte die Einwohnerzahl hoch.

Das Ziel meiner zweimonatigen Wanderung war das Reservat der Crow, der »Krähenmenschen«, wo alljährlich im August das größte Indianertreffen der Welt stattfindet. Eine Woche lang treffen sich auf diesem Pow-wow Tausende von Indianern, um ihre Tradition und Kultur zu zelebrieren.

Das Crow-Reservat liegt in der Nähe des Little Bighorn River, wo die Indianer ihren letzten großen Sieg über die US-Armee errangen. Mehr als 200 Soldaten wurden getötet. Es war die schwerste Niederlage der US-Armee in den Auseinandersetzungen mit den nordamerikanischen Ureinwohnern und deren größter Triumph.

Der Ort des Geschehens – das Little Bighorn Battlefield – wurde zum National Monument erklärt, das ausschließlich den gefallenen US-Soldaten gewidmet ist. Den Indianern, die etwa einhundert Krieger in dem Kampf verloren, wurde kein Denkmal gesetzt.

Ich fühlte mich seltsam berührt, als ich über die Hügel des Little Bighorn Battlefields streifte. Inmitten einer wogenden See aus Gras ging ich zwischen den weißgrauen Grabsteinen der Soldaten umher, die aus den kniehohen, verdorrten Gräsern aufragten. Hier, wo eine der blutigsten Schlachten stattgefunden hatte, liefen die abgedroschenen Klischees einiger Wild-West-Filme durch meinen Kopf. Szenen, in denen Indianer gegen US-Soldaten kämpften. Doch kein Film kann die grausame Wirklichkeit vermitteln, die sich in der Talebene des Little Bighorn zugetragen hatte: An einem Junitag des Jahres 1876 hatte das Siebte Kavallerieregiment der US-Armee unter der Führung von George Armstrong Custer das Gebiet am Little Bighorn River erreicht. Von einer Anhöhe sah Custer, erbitterter Gegner der Sioux, auf deren Zeltlager. Doch anstatt auf Verstärkung zu warten, wie sein Befehl lautete, machte er den Fehler, seine Truppe zu teilen. Er schickte Major Marcus Reno mit einer Abteilung von mehr als 130 Mann zum Angriff, den die Indianer abwehrten. Renos Truppe erlitt eine grauenvolle Niederlage und wurde in die Flucht geschlagen. Custer hatte die Kampfbereitschaft und Stärke der Indianer, die sich aus mehreren Stammesgruppen – Sioux und Cheyenne – zu einer Übermacht zusammengeschlossen hatten, total unterschätzt. So kam es, dass Custers Reitertruppe umzingelt wurde. Und aus einer sicheren Deckung heraus griffen sie die Soldaten an – angeführt von den berühmten Häuptlingen Sitting Bull, Crazy Horse, Spotted Eagle, White Bull und Little Horse. Innerhalb von nur einer Stunde vernichteten die Indianer Custers Regiment.

Die Nachricht von der Niederlage erreichte die Ostküste erst am 4. Juli, als man dort das hundertjährige Bestehen der USA feiern wollte. Drei Tage später meldete die *New*

York Times, dass das US-Kriegsministerium eine »Politik der Ausrottung der Indianer« beschlossen hatte. Präsident Grant nutzte das Massaker am Little Bighorn, um seine geheime Verfolgungspolitik öffentlich zu verkünden. Von da an war das Schicksal der Indianer besiegelt.

*

Nach rund 250 Kilometern, die ich vom Devils Tower zum Little Bighorn Battlefield zurückgelegt hatte, war es bis zum Crow-Reservat nicht mehr weit. Früh am Morgen hatte ich noch einen Blick auf die Landkarte geworfen und mich dann auf den Weg gemacht. Es ging über wellige, nahezu baumlose Prärie. Viel Weite und Stille. Hier war das Alleinsein eine Kostbarkeit. Ein stiller Rausch, der mir Beine machte. Ich lief und lief und lief, als wäre ich im Wahn der Bewegung gefangen, süchtig nach Schritten. Und die lichtdurchflutete Landschaft lief mit.

Gegen Mittag folgte ich einem kilometerlangen Asphalt-Highway, auf dem mich die Trucks und Pick-ups fast taub machten. Ich haderte mit den weithin hörbaren Fahrzeugen und war froh, als ich den Ort Crow Agency erreichte, das Zentrum des Crow-Reservats – östlich der nördlichen Rocky Mountains. Billighäuser, in denen bis zu drei Generationen lebten, kaputte Straßen und reichlich Müll, der über den ganzen Ort verstreut war, ließen mich an eine *township* in Südafrika denken. Die Arbeitslosigkeit lag in Crow Agency bei etwa achtzig Prozent.

Auf einem weitläufigen Grasgelände, wo rund tausend Tipis für das Pow-wow errichtet worden waren, traf ich Bert Plain-Bull, einen Wortführer der Crow, zu dem ich schon in Deutschland Kontakt aufgenommen hatte. Bert,

BEIM ALLJÄHRLICHEN POW-WOW-FEST TREFFEN SICH
ANGEHÖRIGE VIELER STÄMME, UM IHRE TRADITIONEN ZU
WAHREN. DEN KOPFSCHMUCK AUS ADLERFEDERN TRUGEN
SCHON IHRE URAHNEN.

ein kräftiger Mann von etwa vierzig Jahren, sympathisch und hilfsbereit, war von den bevorstehenden Pow-wow-Tagen, deren Ablauf er mitgestaltete, ganz erfüllt. Er trug einen Cowboyhut und war in Jeans gekleidet, sein Gesicht war sonnengebräunt, mit einer großen hervorstehenden Nase und auffallend dunklen Augen. Ich fühlte mich sofort willkommen.

Gleich neben seinem Familien-Tipi, dem typisch spitzgiebeligen indianischen Zelt, durfte ich mein Biwak aufschlagen. Dann führte er mich durch die Zeltstadt, zeigte mir Stände mit Kunsthandwerk und Imbissbuden, die Flankensteaks, honigsüße Maiskolben, traditionellen Wildreiseintopf, indianische Tacos oder geschälte Grill-Kakteen anboten. Er stellte mir seine Familie und einige Freunde vor. Später, als wir vor seinem Tipi hockten und süßen schwarzen Kaffee tranken, erzählte er mir die Geschichte des weltgrößten Pow-wow: 1904 war die »Crow Fair« eine Art Ausstellung von landwirtschaftlichen Produkten, die im Rahmen der amerikanischen Umerziehungsmaßnahmen ins Leben gerufen worden war, um die Crow zu Farmern zu machen, die seinerzeit keinerlei traditionelle Tänze oder Zeremonien veranstalten durften. Erst mit den Jahren wurde dieses Verbot gelockert und schließlich aufgeboben, sodass sich das Pow-wow zum größten indianischen Familientreffen entwickelte. Mittlerweile kommen Indianer aus allen Teilen Amerikas zu diesem Fest, bauen Hunderte von Tipis und Campingzelten auf und veranstalten eine Woche lang Tanzwettbewerbe, Reiterparaden und Ehrenzeremonien.

Am Eröffnungstag betraten Hunderte von geschmückten Indianern ein großes, grasbewachsenes Rund. Es wurden Reden gehalten und Fahnen geschwungen. Irgendwann setzte das Getöse der Trommeln ein, Rasseln klapperten, Glöckchen klangen, und die Tänze begannen. Sieben Tage lang waren ihre tranceartigen Bewegungen und monotonen Gesänge eine Art Nabelschnur, die sie mit ihren Urvätern verband. Sieben Tage, in denen Sioux, Crow, Cheyenne, Blackfoot und andere Stammesangehörige ihre alten Traditionen erweckten, in ihre ursprüngliche Welt eintauchten und sich auf ihre spirituelle Vergangenheit besannen. Sieben Tage lang erhob sich die indianische Kraft wie ein Phönix aus der Asche.

Und sieben Tage lang erlebte ich ein Back-to-the-roots-Amerika. Kein sinnentleertes Folklore-Fest für pauschal-touristisches Blitzlichtgewitter. Hier war alles echt.

Am letzten Abend saß ich mit Bert Plain-Bull und seiner Familie am Lagerfeuer vor ihrem Tipi, das mit überlieferten Piktogrammen und Symbolen bemalt war. Beim Blick in die knisternden Flammen sprachen wir über das Leben im Reservat und das Leben in Deutschland, über Motorhomes und Hochhäuser, über Alkohol und Spiritualität. Später erinnerte sich die Familie an die Zeit ihrer Großeltern und Vorfahren. Damals, so hörte ich, wollten ihre Ahnen die wilde Natur nicht erobern oder zähmen, sondern mit ihr leben und sich in ihr wohlfühlen. Damals lebte man im Einklang mit Mutter Erde und Vater Himmel, auch wenn es gelegentlich zu Stammesfehden kam, die aber nie materieller Gier entsprangen. Man war Teil eines spirituellen Systems, das vom »Großen Geist« erschaffen worden war.

»Seitdem hat sich viel verändert«, sagte Bert Plain-Bull, als das Feuer nach Mitternacht verglühte. »Doch unsere Mutter Erde ist noch immer ein Ort der Wahrheit, die uns zeigt, wer wir wirklich sind.«

Dann nahm er ganz behutsam etwas Erde in die Hand, als wäre sie ein Teil von ihm, und ließ sie durch seine Finger rieseln. Hand aufs Herz. Wann hatten Sie das letzte Mal ein bisschen Erde in Ihren Fingern – einfach so?

3

GEHEN GEGEN DEN STROM DER ZEIT

Lebenslust neu entdecken

Wandern ist die vollkommenste Art der Fortbewegung,
wenn man das wahre Leben entdecken will.

ELIZABETH VON ARNIM

Wir leben in rasend schnellen Zeiten. Der Terminkalender beherrscht uns. Wir tun immer mehr Dinge gleichzeitig, erhöhen unser Lebenstempo und mobilisieren alle Kraftreserven. Immer mehr Zeit verbringen wir vor Displays und multimedialen Screens, schauen auf zweidimensionale Bilder, navigieren durch virtuelle Welten – und sitzen dabei in unseren Büros und Wohnungen. Im Kopf herrscht größte Bewegung, doch der Körper steht still. Wen wundert's da, dass in solchem Dauerzustand unsere Lebenswelt mit unseren Wünschen und Sehnsüchten kollidiert?

Gefühle und Verstand gehen oft unterschiedliche Wege, sodass seelische Abstumpfungen und diffuse Symptome entstehen, wenn uns das Diktat der Beschleunigung fest im Griff hat. Statistiker meinen, dass der moderne Mensch unserer Gegenwart an die 90 Prozent seiner Zeit in geschlossenen Räumen verbringt. Geprägt von fataler Bewegungsarmut, legen Menschen, die im Büro arbeiten, im Durchschnitt nur 0,4 bis 0,8 Kilometer pro Tag zu Fuß zurück, während unsere Vorfahren bis zu 20 oder 40 Kilometer am Tag gingen. Auch mein Großvater, ich kann mich gut daran erinnern, lief im hohen Alter mehrmals in der Woche quer durch Hamburg, um seiner ehemaligen Arbeitsstelle einen Besuch abzustatten. Rund dreißig Kilometer war er am Tag unterwegs (hin und zurück) und klagte kaum über etwaige Beschwerden.

An diesem Punkt kommt das vielzitierte Modewort *Entschleunigung* ins Spiel. Ein Begriff, den ich nicht so mag. Viel näher ist mir das Wort *Langsamkeit*. Diese sollte uns erstrebenswert sein, wenn unsere tägliche Geschwindigkeit zu hoch ist, die Eindrücke der Medienwelt nicht mehr zu verarbeiten sind und wir meist nur noch funktionieren. Dann müssen wir runter vom »Gaspedal«, um langsamer zu werden – im Kopf und beim Unterwegssein. Nur so können wir unser Bewusstsein neu aktivieren und den vorhersehbaren Alltag hinter uns lassen. In diesem Sinne kann das Gehen eine wunderbare Kontrasterfahrung zum digitalisierten Alltag sein. Es ist eine Vereinfachung des Lebens, bietet die Möglichkeit, die Aufmerksamkeit zu schärfen. Beim langsamen Unterwegssein verfliegt die Zeit viel weniger schnell, eine Erfahrung, die ich auf meinen Zu-Fuß-Reisen immer wieder erlebt habe.

Zudem entsteht aus der Konzentration auf die eigene Wahrnehmung eine Wiederentdeckung der Natur – und der eigenen Ressourcen. Statt den gesellschaftlichen Ansprüchen von »immer weiter und schneller« zu folgen, gibt es beim Gehen viel Wertvolles zu erfahren: »immer langsamer, immer gelassener, immer bewusster!« Auf diese Weise offenbaren sich mir – im Laufe der Jahre – ganz neue Erlebniswelten, denn zu Fuß erlebt man hautnah, das prägt sich ein.

Gehen, gelassen gehen, hinschauen, die Umwelt erspüren und erfühlen – und das Tempo aus dem hochfrequenten Leben nehmen. Das ist mein Motto, um Erfahrungen zu machen, die ich in den eigenen vier Wänden niemals machen würde. Schließlich haben Langsamkeit und Gehen auch mit Reflexion und Tiefgang zu tun.

*

Von Kindesbeinen an bin ich ein leidenschaftlicher Fußgänger, der noch immer keinen Führerschein gemacht hat. Für mich ist das Unterwegssein per Auto, Motorrad, Zug oder Flugzeug ein Vorgang, der ausschließlich dem Zweck dient, eine gewisse Strecke zu überwinden oder ein bestimmtes Ziel zu erreichen. Das *Gehen aus eigener Kraft* ist dagegen ein idealer Gegenentwurf zur Schnelllebigkeit unserer hektischen Lebenswelt. Mehr noch. Das Unterwegssein zu Fuß, die natürlichste Art der Fortbewegung, ist Reduzierung auf den eigenen Körper, der zum Maß der Fortbewegung wird, wobei mein Körper der Apparat ist, mit dem ich mir den geistigen Antrieb nutzbar mache. Mit diesem Wissen wird das Gehen für mich zur Urform des bewussten Erlebens, wobei ich von Kilometer zu Kilometer zum Seismographen meiner Umwelt werde. Ich höre die Natur, spüre und fühle sie, gleite mehr und mehr in die Kunst der sinnlichen Wahrnehmung. Wenn ich die Rinde eines Baumes oder die Oberfläche eines Felsens berühre oder wenn ich eine Handvoll Erde durch meine Finger rieseln lasse, dann fühle ich mich von der Natur ergriffen und angenommen. Ein herrlicher Zustand des Seins.

Doch wie geht man richtig? Zu Beginn meiner Wanderlust bin ich oft wie ein lebensfrohes Kind einfach drauflos-

IMMER WIEDER ZOG ES MICH IN DEN SÜDEN MAROKKOS.
DORT WANDERTE ICH AUCH MIT EINEM EINHEIMISCHEN
FREUND DURCH DIE KARGE WEITE – DER EINE IN SANDALEN,
DER ANDERE IN STIEFELN.

gegangen, habe mich nie an einen gleichmäßigen Schritt halten können. Das hat sich gelegentlich gerächt, weil ich mir weder einen vernünftigen Schrittrhythmus angewöhnte noch einen Pausenplan machte. Auch an die Erholung der Füße dachte ich nicht. Doch gerade der eigene Gehrhythmus, der Pausenplan sowie die Füße verdienen besondere Beachtung, wenn man zu einer längeren Wanderung aufbricht.

Ich habe einige Zeit gebraucht, um das richtige Tempo meiner Schrittfolge sowie das geeignete Maß zwischen Gehen und Rasten zu finden, um mich in den Pausen zu erholen und neue Energie zu sammeln. Zudem habe ich es mir auf längeren Wegstrecken zur Gewohnheit gemacht, meine Schritte zu zählen, wenn ich morgens aufbreche. Ich zähle bis dreitausend, lasse mich dabei von nichts und niemandem ablenken. In der Regel habe ich dann meinen Schrittrhythmus gefunden, ob auf Straßen, Wegen oder Pfaden – und meine Gedanken schwärmen befreit aus, flattern in die Landschaft.

Meistens wandere ich zwei Stunden am Stück, dann lege ich eine dreißigminütige Pause ein, nicht einer allgemeinen Regeneration wegen, sondern um meinen Füßen die nötige Sorgfalt zukommen zu lassen. Bei jeder Rast ziehe ich die Stiefel oder Sportschuhe aus, ebenso die Strümpfe und sorge für die notwendige Entlüftung der Füße, damit die Haut in den Schuhen nicht feucht oder weich wird. Eine Vorsichtsmaßnahme gegen Blasenbildung.

Mittlerweile finde ich beim Gehen die ganze Intensität des Lebens, die mir ein grenzenloses Selbstgefühl vermittelt. Es gibt für mich nichts Schöneres, als den Erdboden unter den Füßen zu spüren. Wenn ich mich auf den Rhythmus meiner Schritte einlasse und durch die Natur wandere, die eine prägende Kraft hat, wird mein Unterwegssein zu einem Akt der Befreiung. Denn in der Natur ist alles, was ein Mensch braucht. Auch darin liegt eine Chance, das eigene Weltbild zu verändern.

Und auf die Frage, was es denn für einen Sinn ergebe, zu Fuß durch Wald, Wiese, Wüste oder entlang eines Flusses zu laufen, wenn es doch per Auto oder Motorrad viel schneller geht, antworte ich gern mit den Worten des großen französischen Bergsteigers Lionel Terray, der einmal gesagt hat: »In einer Welt der Zwecke und des Nutzens muss der Mensch wohl auch an die Eroberung des Unnützen glauben können.«

Zudem halte ich es mit Bob Dylans motivierender Ode an den nomadischen Geist: »Like a rolling stone«.

4

EIN SPANISCHER WANDERSOMMER

Auf den Spuren von Don Quijote durch Kastilien-La Mancha

Der Weg ist immer besser als die schönste Herberge.

MIGUEL DE CERVANTES

Hier also war es? Wirklich hier? Wir standen in einem weißgetünchten Raum mit runder Decke. Ein Kellergewölbe, das von einigen Lampen erleuchtet wurde. An einer Wand hingen ein Schwert, eine Eisenlanze und ein Helm, der einer Barbierschüssel glich. In einer Nische eine Steinbank mit einer Strohmatte darauf. Davor ein Holztisch mit einem Schemel. Auf dem Tisch ein schlichter Kerzenhalter aus Blech mit einer weißen Kerze. Daneben ein Federkiel. Durch ein kleines Fenster, das sich in Kopfhöhe befand, fiel etwas Sonnenlicht.

»War diese karge Kartause tatsächlich die Geburtsstätte des Romans *Don Quijote*? War es wirklich hier?«, fragte ich, und die Antwort des Museumsführers, der uns in den Höhlenkeller begleitet hatte, war eindeutig: »Ja, hier war es.« Hier also, in dem 2000-Seelen-Dorf Argamasilla de Alba, soll es gewesen sein, wo Miguel de Cervantes Saavedra (1547–1616) vor mehr als 400 Jahren eine ganze Zeit im Gefängnis zubrachte, nachdem man ihn für schuldig befunden hatte, Staatsgelder veruntreut zu haben. Und hier war es, wo Cervantes – schon an die fünfzig Jahre alt – im Kerker zur Feder griff und die ersten Kapitel seines Romans *Leben und Taten des scharfsinnigen Edlen Don Quijote von la Mancha* niederschrieb.

Das Buch, in dem Don Quijote lebt, eines der bedeutendsten Werke der Weltliteratur, wurde erstmals in zwei Teilen – in den Jahren 1605 und 1615 – gedruckt. Seitdem wurde es in über 2000 Ausgaben aufgelegt und in mehr Sprachen als jedes andere Buch übersetzt, die Bibel ausgenommen.

Cervantes' Ritterroman zählt mit zu meinen frühesten Leseerfahrungen. Schon im Jugendalter wollte ich es den abenteuerlich irrenden Phantasiefiguren des spanischen Dichters gleichtun und durch Kastilien-La Mancha wandern. Eine Reise, die ich über viele Jahrzehnte aufschob, bis ich mich endlich von den tausend Wichtigkeiten des Alltags abwandte und mit meinem 23-jährigen Sohn Aaron von Hamburg nach Madrid reiste, um den literarischen Spuren von Don Quijote zu folgen. Vier Wochen hatten wir eingeplant, um Orte, Landschaften und Schauplätze dieses geliebten Buches in Augenschein zu nehmen. Zu Fuß. Eine Strecke von 1000 Kilometern.

Seit Jahren haben mein Sohn Aaron und ich eine Menge Kilometer gemeinsam erwandert. Beide teilen wir die Begeisterung, auf historischen Entdeckerrouten oder literarischen Dichterspuren unterwegs zu sein. Wir liefen durch den Harz und über die Alpen nach Italien, waren zu Fuß in den Pyrenäen unterwegs, wie auch in der Sahara und in der Wüste Sinai. Nun waren wir erneut aufgebrochen, um durch Zentralspanien zu wandern, wohin mich *Don Quijote* bereits im Geiste entführt hatte.

Die Idee zu unserer Wanderung war ganz einfach: Über ein Buch wollten wir einem Dichter auf die Spur kommen, von dem es bis heute kein verlässliches Bild gibt, und über eine Landschaft wollten wir uns zwei literarischen Figuren annähern, von denen jedermann weiß, wie sie aussahen, obgleich sie nie gelebt haben. Ihr äußeres Erscheinungsbild hat sich seit Jahrhunderten im kollektiven Gedächtnis der Spanier eingenistet, als hätten sie wirklich die Weite der Mancha durchquert. Ein Sieg der Phantasie über die Wirklichkeit.

Auch Schriftsteller wie Heinrich Heine, Vladimir Nabokov und Erich Kästner nahmen sich des spindeldürren Helden an. Milan Kundera nannte *Don Quijote* den ersten richtigen Roman. Und für Thomas Mann spiegelte sich in den tragikomischen Erlebnissen, die dem »Ritter von der traurigen Gestalt« und seinem Knappen Sancho Panza widerfahren, die ganze menschliche Natur. Vielen anderen gilt *Don Quijote* als Symbol, um Unmögliches zu wagen. Ein Sinnbild für Phantasie, Träumerei und Abenteuer.

*

Wir begannen unsere Reise durch Kastilien-La Mancha in Madrid. Graue Wolken verschatteten die Stadt der spanischen Könige, und warmer Nieselregen setzte ein, als wir das Café Gijon an der Paseo de Recoletos besuchten. Wo sonst hätte unsere Wanderung beginnen können als in diesem Café, das seit mehr als hundert Jahren Treffpunkt von Künstlern, Intellektuellen und Literaten ist. Hierher kamen der Dichter Federico García Lorca, der Maler Salvador Dalí und der Filmemacher Luis Buñuel. Hätte es dieses Kaffeehaus schon vor 400 Jahren gegeben, wäre Miguel de Cervantes, Spaniens berühmtester Schriftsteller, sicher auch hier Gast gewesen.

Ganz in der Nähe von Madrid, in einem Städtchen namens Alcalá de Henares, kam Miguel de Cervantes Saavedra zur Welt. Und in Madrid ist er gestorben, nach einem abenteuerlichen Leben. Er absolvierte das Studium der Theologie, kämpfte in Seeschlachten, wurde verwundet, von berberischen Seeräubern gefangengenommen und nach Algerien verschleppt. Fünf Jahre lang lebte er mit seinem Bruder als Sklave in Nordafrika, bis er freigekauft wurde. Zurück in Spanien, arbeitete er als Kaufmann und Versorgungskommissar bei der spanischen Kriegsflotte, ehe er ins Gefängnis kam. In der Haft begann er an dem über tausend Seiten starken Werk *Don Quijote* zu schreiben, das die Geschichte des »Ritters von der traurigen Gestalt« erzählt, der, nach der Lektüre zahlreicher Ritterromane, sich vom Schicksal dazu berufen fühlt, als fahrender Ritter in die Welt hinauszureiten. Aus einer Truhe kramt er eine verrostete Rüstung, zerrt seinen alten Klepper aus dem Stall, tauft ihn Rosinante, verliebt sich in das Bauernmädchen Dulcinea und macht den treuherzigen, dickbäuchigen Sancho Panza zu seinem Knappen. Gemeinsam zieht das ungleiche Paar hinaus in das Kernland der Mancha, um für die Unterdrückten, die Armen und die Gerechtigkeit zu kämpfen.

*

Vom Café Gijon spazierten wir in Madrid zu dem Haus, in dem Cervantes einst gelebt hatte. Natürlich heißt die Straße, in der es steht, Calle de Cervantes. Von dort ging es zum Kloster der »Unbeschuhten Trinitarierinnen«, jener

Orden, der einst maßgeblich an Cervantes' Freilassung aus der nordafrikanischen Sklaverei beteiligt war. Hier, im Literatenviertel der Stadt, wurde Miguel de Cervantes, der am 23. April 1616 im Alter von 69 Jahren starb, unter den Bodenfliesen begraben. Bei Umbauten des Nonnenklosters im 17. Jahrhundert wurde seine Grabstätte umgebettet. Seitdem gelten die Gebeine des Dichters als verschollen.

2014 begann ein spanisches Forscherteam, im Auftrag der Madrider Stadtverwaltung, systematisch nach den sterblichen Überresten von Cervantes zu suchen. Etwa dreißig Archäologen, Gerichtsmediziner, Historiker und Techniker beteiligten sich mit modernster Technik an der Suche. Und Anfang 2015 fanden die Experten in einer Grabnische einen Sarg mit den Initialen »M. C.«, die als Hinweis auf Miguel de Cervantes kommentiert wurden. Da die entdeckten Gebeine aber mit denen anderer Personen bestattet worden waren, war eine individuelle Zuordnung der Knochen nicht möglich. Auch eine DNA-Analyse kam nicht infrage, weil von Cervantes keine lebenden Nachkommen bekannt sind.

Gleichwohl erhoffen sich die Wissenschaftler, anhand von Zähnen und Schussverletzungen, die bei Cervantes während einer Seeschlacht im Mittelmeer zur Verstümmelung seiner linken Hand führten, eine baldige Identifizierung des Dichters.

*

Gleich hinter Madrid tauchten wir in die kastilische Meseta ein. Das Erscheinungsbild dieser Hochebene war vor allem von einer baum- und schattenlosen Weite geprägt, die, von Schluchten und Talsenken durchzogen, in unseren

Köpfen einen Wirbelsturm der Phantasie auslöste. Szenen des *Don-Quijote*-Romans weckten unsere Wanderlust, während wilde Unkrautfluren mit Löwenzahn, Klatschmohn und Margeriten neben der schnurgeraden Asphaltstraße blühten, auf der wir unter blassblauem Himmel in Richtung Süden liefen. Von Kilometer zu Kilometer verflüchtigte sich der Großstadtcharakter, die Häuser wurden ländlicher, die Menschen verloren den modernen Deckmantel, schienen hier zum Ausharren entschlossen zu sein, und wir konnten uns beim stetigen Gehen wer weiß wohin träumen. In unseren Rucksäcken, die jeweils nicht mehr als vierzehn Kilogramm wogen, steckte nur das Nötigste: Kleidung, Schlafsack, Zelt, gute Geländekarten und Miguel de Cervantes' Buch *Don Quijote*, dessen literarische Episoden uns durch das Land führen sollten.

In gleichmäßigem Schrittrhythmus liefen wir in Richtung Süden. Und schon nach wenigen Kilometern war es wieder da, dieses erhebende Gefühl, auf dem Weg zu sein. Nach und nach, Schritt für Schritt verkleinert sich alles auf ein natürliches Maß. Die Reduzierung aufs Wesentliche intensiviert das bewusste Erleben.

Schon aus der Ferne sahen wir Toledos Kirchen und Häuser, hoch auf einem Granitfelsen über dem Rio Tajo erbaut, der die Stadt umfließt. Als wir in das Gassengewirr der Altstadt eintauchten, färbte sich der Abendhimmel in den zartesten Pastelltönen. Stimmungen, die Toledos berühmtester Maler El Greco (1541–1614) wie kein anderer in seinen Bildern eingefangen hat. Augenblicke, in denen ich nachvollziehen konnte, warum Toledo für Cervantes die schönste aller spanischen Städte war. Mehr noch. Spaniens Dichter Gustavo Bécquer (1836–1870) hatte sich sogar einst gewünscht, dass nur Dichter und Träumer die Stadt betre-

SÜDLICH VON MADRID STEHEN DIE WINDMÜHLEN DER
MANCHA. GEGEN DIESE »RIESEN« KÄMPFTE DER RITTER
VON DER TRAURIGEN GESTALT VERGEBLICH AN.

ten dürften. Allen anderen müsste verboten werden, »auch nur einen dieser kostbaren Steine Toledos zu berühren«.

Schon für die Römer, Westgoten und Araber war das schön gelegene und leicht zu verteidigende Toledo eine wichtige Stadt. Vier Jahrhunderte lang lebten hier Christen, Juden und Mauren nebeneinander, ehe zum Ende des 15. Jahrhunderts – nach der Reconquista, der christlichen Rückeroberung der Iberischen Halbinsel – das Zusammenleben der Religionen endete.

Wir fühlten uns in die Vergangenheit zurückversetzt, als wir durch die engen Gassen spazierten. Toledo, reich an Kunstschätzen, war ein Traum: Die mittelalterlichen Kirchen im Mudéjar-Stil, der maurische und gotische Bauelemente verbindet, die prächtigen Moscheen und Synagogen, die verwinkelten Gassen der Altstadt, die Schwertschmiede-Werkstätten, in denen die begehrten Damaszener Klingen hergestellt werden, die herrlichen Brunnen und Plätze, die alten Brücken über den Rio Tajo, die feinen Herrschaftshäuser mit eisernen Balkönchen und Schnörkelgittern vor den Fenstern, der stattliche Alcázar (Stadtfestung) aus dem 16. Jahrhundert, der über den Dächern der Stadt thronte. Argumente genug, dass die ehemalige Hauptstadt Kastiliens 1986 von der UNESCO zum Weltkulturerbe deklariert wurde.

Ein absolutes Muss war für uns in Toledo auch das El-Greco-Museum, das im früheren Jüdischen Viertel liegt. Das »Haus-Museum«, das auf den Grundmauern eines ehemaligen Renaissancepalastes erbaut wurde, gilt als detailgetreue Reproduktion einer Toledaner Villa des 16. Jahrhunderts. Hier bewunderten wir die visionären Bilder des berühmten Malers, der als Domínikos Theotokópoulos 1541 auf Kreta geboren wurde und später nach Toledo kam, wo er lange Jahre lebte und auch starb. Der unverwechselbare Stil seiner Werke, die leuchtenden Farben, die Schatten, der Schwung, mit denen El Greco religiöse Inhalte auf eine fast entrückte Art vermittelte, packten mich so sehr, dass ich mich nur schwer von einigen seiner bekanntesten Bilder trennen konnte: *Die Tränen Petri*, das *Altarbild des heiligen Bernhardin von Siena* oder *Ansicht und Plan von Toledo*.

Bemerkenswert ist auch, was sich nach Cervantes' Roman vor mehr als 400 Jahren auf einem Marktplatz von Toledo zugetragen haben soll: Dort habe er, schreibt Cervantes, einem Jungen etliche Papiere in arabischer Schrift abgekauft, die von den »Erlebnissen des Junkers Don Quijote von der Mancha« berichteten, und etabliert so seine fiktionale Erzählerstimme, den arabischen Geschichtsschreiber Sidi Hamét Benengelí.

*

Südlich von Toledo beginnt die Heimat der unsterblichen Romangestalten von Miguel de Cervantes: La Mancha. Dieses Wort ist die hispanisierte Form des arabischen Wortes al-Mansha, »trockenes Land«, und erinnert an die heißen Sommer. An mehr als dreißig Tagen im Jahr lastet die Calina über dem Land, eine Staub-Dunst-Glocke, die alles Leben lähmt. Im Herbst dagegen leuchtete das Land des Weins und der Oliven im Licht der Sonne in allen Nuancen von safrangelb bis karminrot. Schmale Pfade oder sandige Fahrwege zerschnitten überwältigende Landschaftskulissen, rahmten riesige Äcker in Rechtecke und Quadrate. Das surrealistisch anmutende Formen- und Farbenspiel dieser Region begeisterte uns so sehr, dass wir immer wieder querfeldein liefen, über borstige Stoppelfelder, steppenartige

Bodenwellen oder bucklige Erdschollen, während sich über uns ein tiefblauer Himmel wölbte. Was für ein herrliches Unterwegssein, was für ein fragloses Hier und Jetzt!

Wenn wir auf einige Manchegos trafen, so heißen die Bewohner der Mancha, wurden wir oft zu Käse, Schinken, Brot und Rotwein eingeladen. Bei großzügiger Gastlichkeit spürten wir, dass das rote Ambiente der Erde – entgegen farbpsychologischen Erkenntnissen – keinen Manchego aus der Ruhe brachte. »Wir müssen jeden Tag hart arbeiten, aber niemals würden wir die Mancha verlassen. Nirgendwo gibt es so viel Freiheit«, sagte der Landwirt Alejandro, der mit seiner vierköpfigen Familie von den Früchten dieser Region lebt. Und während wir mit ihm und seiner Frau Carmen auf der Veranda bis spät in die Nacht unter dem Sternenhimmel saßen, wurde deutlich, dass sich diese Menschen – geprägt von der herben Natur – Geduld, Würde und Bescheidenheit angeeignet hatten.

*

Nach sieben Wandertagen in der Mancha sahen wir am Horizont einige Windmühlen, die einen aus Kalkstein gewachsenen Hügel krönten, den die Einheimischen Calderico nannten. Der Ort, von dem aus wir zu den ehemaligen Kornmühlen aufstiegen, hieß Consuegra, wo es den besten Safran der Welt geben soll. Auf der windreichen Anhöhe, neben einer großen Burgruine, zählten wir fast ein Dutzend Mühlen. Sie sind die Ikonen der Mancha. Der arabischen Ingenieurkunst verdankten die Spanier diese technischen Meisterwerke, die im 16. Jahrhundert, zu der Zeit, als Cervantes lebte, erbaut wurden. Sie waren nötig geworden, um das geerntete Korn zu Mehl zu verarbeiten, denn die benötigten Wassermengen der Flussläufe reichten in der Mancha für das Betreiben von Wassermühlen nicht aus.

Über tausend Mühlen hat es im Spätmittelalter in Spanien gegeben. Heute sind es keine fünfzig mehr – und die meisten sind nicht funktionsfähig. Die Glanzzeit der windbetriebenen »Molinas«, als sie noch fürs Brot in Arbeit waren, ist längst vorbei. Die maschinelle Getreideverarbeitung führte Mitte des 19. Jahrhunderts zum Stillstand der Kornmühlen.

Gleichwohl haftet den kegelförmigen weißen Steinkolossen mit den schwarzen Spitzdächern und den skelettartigen Holzarmen nichts so beharrlich an wie der legendäre Windmühlenkampf des Don Quijote, den Cervantes im achten Romankapitel beschreibt. In seiner Phantasie hält der spindeldürre Ritter die hoch aufragenden Mühlenarme für gefährliche Riesen und ruft: »Dort siehst du, Freund Panza, wie dreißig Riesen oder noch etliche mehr zum Vorschein kommen; mit denen denke ich einen Kampf zu fechten und ihnen allen das Leben zu nehmen.« Dann gibt Don Quijote seinem Pferd die Sporen und prescht zum Angriff voran. Doch als der Wind die Mühlenflügel herumdreht, zerbricht die Lanze. Ross und Reiter werden umgerissen und zu Boden geschleudert.

Wo genau Cervantes' Held die vermeintlichen Riesen angriff, wird im Buch nicht erwähnt. Und so streiten sich vor allem zwei Orte, Consuegra und Campo de Criptana, um das Vorrecht, literarische Handlungsstätte der berühmtesten Episode des Romans zu sein. Ebenso verwunderlich ist, dass diese abenteuerliche Textpassage nicht einmal zwei Buchseiten füllt. Und dennoch wurde Don Quijotes Lanzenattacke gegen die Windmühlen weltweit zur Redewendung.

Um Mitternacht erlebten wir auf dem windreichen Mühlenberg ein phantastisches Feuerwerk. Glühende Raketen in Weiß, Rot, Lila und Grün schossen in den dunklen Himmel hinauf, entfalteten sich zu grellen Farbschirmen, die in der Weite versprühten. Mit diesem imposanten Himmelsschauspiel verabschiedeten die Bewohner der Mancha den Sommer.

*

Zwanzig Kilometer weiter kamen wir nach Puerto Lápice. Auch wenn es der Name des Ortes vermuten lässt, einen »Hafen« gab es nicht. Doch dem Roman zufolge wird Don Quijote hier in einem Wirtshaus, das er für einen Adelspalast hält, vom Wirt zum Ritter geschlagen. Während der Nacht kämpft er erneut gegen Riesen. Es sind die Weinschläuche über seinem Bett, die in seiner Phantasie zu gefährlichen Gestalten werden. Tatsächlich entdeckten wir eine Taverne, die sich »Venta de Don Quijote« nannte und die sich als angeblicher Ort des Cervantes-Romans präsentierte. Durch ein großes Eingangstor traten wir in den weitläufigen Innenhof des Gasthauses. Ringsum geweißte Wände und wetterfalbe Dachziegel. Neben einem ansehnlichen Wassertrog stand Don Quijote in Eisenblech ganz allein, weil er an diesem Ort noch ohne seinen stämmigen Diener durch die Mancha reiste.

Die ganze Taverne war mit Don-Quijote-Devotionalien dekoriert. So setzten wir uns, umgeben von Kacheln, Tellern, Tüchern und Postkarten, die alle mit Motiven des abenteuerlich irrenden Don Quijote versehen waren, an einen hübsch gedeckten Tisch und aßen Cochifrito, Lamm mit Tomate, Ei und Safran. Zum Nachtisch gab es Alajú,

eine Paste aus Honig und Nüssen, die, zwischen zwei Obla-
ten gestrichen, die Form einer Torte hatte. Ein arabisches
Vermächtnis.

Viele Speisen, die Cervantes seinem Helden im Roman
auftischt, gibt es auch heute noch in der Mancha. Vor allem
sind es die Eintöpfe, die der spindeldürre Ritter so liebt:
»Die große Schüssel, die dort vorne dampft, scheint mir
Olla podrida zu sein, und da sich eine so große Mannig-
faltigkeit von Essbarem in derlei Ollas podridas findet, so
kann mir's ja nicht fehlen, dass ich irgendwas drin finde,
das mir schmeckt und zuträglich ist.« Überdies vermittelt
Miguel de Cervantes dem Leser gleich zu Beginn seines
Romans den täglichen Speiseplan des Don Quijote: »Eine
Olla, mehr von Rind- als Hammelfleisch, des Abends gewöhnlich kalte Küche, des Sonnabends arme Ritter und
freitags Linsen, sonntags aber einige gebratene Tauben zur
Zugabe ...« An anderer Stelle schrieb Spaniens berühmtester Dichter einmal über jene Dankbarkeit, die wohl jeder
empfindet, der nach entbehrungsreichen Tagen etwas zu
essen bekommt: »Wohl dem, dem der Himmel ein Stück
Brot beschert, wofür er keinem anderen als dem Himmel
selbst zu danken hat.«

*

Abends schliefen wir wie Don Quijote und Sancho Panza
zumeist im Freien, genossen die frische Nachtluft und be-
trachteten die tausend kleinen Schweißbrenner am blau-
schwarzen Himmel, die aus dem Horizont wuchsen. Wenn
sich die Möglichkeit bot, übernachteten wir aber auch in
Pensionen oder Gasthöfen. Beim Abendessen saßen wir
dann zwischen den munter plappernden Manchegos, von

MIT MEINEM SOHN AARON WANDERTE ICH DURCH DIE KARGE
LANDSCHAFT DER MANCHA.

denen wir in Bruchstücken hörten, was ihr Dorf beschäftigte. Sie sprachen über Getreideprodukte und Sämaschinen, Mähdrescher und Reparaturen, Preisentwicklungen und Wetterkapriolen. Wenn ich in die freundlich-abgespannten Gesichter schaute, kam mir unwillkürlich ein Satz von Miguel de Cervantes in den Sinn, der ihm als Ideal erschien: »Ersehne nichts, so wirst du der reichste Mann der Welt sein.«

Mit Cervantes' Ritterroman im Rucksack zogen wir anderntags weiter, liefen Kilometer für Kilometer durch das Don-Quijote-Land. Kaum etwas hob sich hier auf den sanft gewellten Höhenzügen vom Hintergrund ab. Nur hin und wieder ein geweißtes Häuschen, ein buschumsäumtes Gehöft oder ein Dorf, dessen Häuser im weiten Hügelland wie hingeworfen dalagen.

All die Orte und Landschaften, die uns der spanische Dichter nur sporadisch in seinem Werk zur Hand gab, waren für uns geographische Koordinaten, die uns den Weg wiesen, um die literarische Spur des Don Quijote in der Wirklichkeit zu suchen. Doch keiner unserer Rekonstruktionsversuche war ohne Widersprüche. Alle Angaben einer fiktiven Reiseroute blieben nun mal willkürliche Interpretationen, die uns aber die phantastischen Geschehnisse der Don-Quijote-Abenteuer näherbrachten.

Abenteuer fand Cervantes' Held in seiner Phantasie zur Genüge, »sie liefen ihm nach. Er suchte sie nicht«, heißt es. Aus einer Schafherde wird ein feindliches Heer, Windmühlen werden zu bedrohlichen Riesen, Weinschläuche zu Ungeheuern, und als er auf einen Treck mit Häftlingen stößt, die er befreit, danken es ihm die Halunken mit einer Tracht Prügel.

Mutig stellt sich Don Quijote immer wieder unwirklichen

Gefahren, erträgt Niederlagen, Demütigungen und Enttäuschungen mit Würde und Stolz, um »das Unrecht und die Unterdrücker zu bekämpfen«. Und je länger er mit seinem Diener durch das endlose, weite Land der Mancha reitet, desto mehr wird er – durch seine Auflehnung gegen die Lebenswirklichkeit – zu einer tragikomischen Figur. Seine ausschweifende Phantasie macht ihn zum Idealisten, der seine Welt anders liest und wahrnimmt und der schließlich in sein Heimatdorf zurückkehrt und ganz profan im Bett stirbt.

*

Feuriges Abendlicht tauchte die Hügel und Felder der Mancha in die rötliche Farbe von Terrakotta, als wir nach Villanueva de los Infantes kamen. Eine kleine Stadt, reich an Gebäuden aus Renaissance und Barock – Herrenhäusern, Kirchen und Klöstern. Seit Universitätsprofessoren aus Madrid im Jahr 2005 anhand der Schrittgeschwindigkeit von Don Quijotes Pferd Rosinante errechneten, dass Villanueva jener Ort sein könnte, aus dem der »Ritter von der traurigen Gestalt« zu seinen Abenteuern aufbrach, schmückt sich diese Kleinstadt mit dem »wissenschaftlichen Ergebnis«, der Heimatort von Cervantes' Held zu sein. Dagegen protestierten die Bürger von Argamasilla de Alba, nur zwanzig Kilometer weiter nördlich, weil auch sie bislang für sich in Anspruch nahmen, der Wohnort von Don Quijote zu sein. Beide Bürgermeister gerieten daraufhin ernsthaft in Streit. Derartige Konsequenzen konnte Cervantes sicher nicht absehen, als er gleich zu Beginn seines Ritterromans schrieb: »En un lugar de la Mancha …« – »In einem Dorfe von la Mancha, auf dessen Namen ich mich nicht entsinnen kann, lebte unlängst ein Edler, der eine Lanze und einen alten Schild besaß ...«

Dann wieder: gehen, gehen, gehen. Wir passierten Tausende von Olivenbäumen und riesige Blütenteppiche aus wildem Mohn. In einem Zickzack-Kurs, der dem Vielfachen der Luftlinie entsprach, wanderten wir auf historischen Pfaden und Viehtriften, durch ausgetrocknete Flussläufe und auf dem Seitenstreifen schnurgerader Asphaltstraßen, wo Autos, Lkws und Motorräder an uns vorbeirauschten, ohne ihr Tempo zu drosseln.

Wenn uns das Gehen an der Landstraße zu langweilig erschien, liefen wir über Felder und Wiesen und freuten uns an der Vielfalt der kleinen Dinge, die doch das Wesen einer Landschaft ausmachen: Gräser, Blumen, Sträucher, Käfer. Oft blieben wir kurz stehen, hielten inne und schauten über die schier endlosen Hügelwellen der Mancha, die in herrlichsten Erdfarben getaucht waren. Das waren Augenblicke, in denen ich die Weite einatmete und meinem Blick das Fliegen erlaubte.

Bei dem Ort Ruidera, wo sich mehr als ein Dutzend blaugrüner Seen zwischen Bergen aneinander reihten, die Don Quijote für Zauberwerk hielt, gönnten wir uns ein paar Tage Ruhe, weil mir eine Erkältung mit Fieber und Halsschmerzen zusetzte. Gleichwohl genoss ich jeden Morgen die wundervolle Stimmung der Seen. Nahezu unbewegt funkelten die Wasserflächen in der Sonne, während Fische sich vereinzelt an der Oberfläche sehen ließen oder ein kaum spürbarer Windhauch einen kleinen Wellenschlag verursachte, der im uferumsäumten Schilfgürtel erstickte, wo ich Eisvögel und Reiher entdeckte.

Nicht weit von den idyllischen Seen der Laguna de Ruidera stiegen wir in die Höhle von Montesinos. In Stein geschlagene Stufen führten uns zehn Meter in die Tiefe, ehe sich ein weites Gewölbe öffnete, das durch elektrisches Licht schwach erleuchtet war. In diesem unterirdischen Labyrinth, das Cervantes zu einer weiteren Romanepisode inspirierte, schickt der spanische Dichter seinen Helden an einem Seil in die finstere Unterwelt. »Ungefähr nach fünfzehn oder siebzehn Klaftern in der Tiefe dieses unterirdischen Gewölbes«, erzählt Don Quijote von seinem Höhlenabenteuer, »ist zur rechten Hand eine Höhlung, so geräumig, dass ein großer Wagen mit zwei Maultieren Platz darin haben könnte. Ein schimmerndes Licht fällt durch einige Spalten oder Löcher hinein, die von der Oberfläche der Erde aus der Ferne diese Höhle erleuchten müssen. Diesen ausgehöhlten Raum wurde ich gewahr, als ich mich müde und verdrießlich befand, mich so am Seile hängen zu sehen und so in jene Finsternis hinabzufahren, ohne einen gewissen und bestimmten Weg vor mir zu haben; daher entschloss ich mich, in diese Höhlung hineinzugehen und dort ein wenig auszuruhen.« Kurz darauf entdeckt Don Quijote, in der Tiefe der Höhle, einen prächtigen Palast, »dessen Mauern und Wände durchsichtig und von glänzendem und hellem Kristall auferbaut waren.« Er trifft den Burgherrn Montesinos, dem die Höhle ihren Namen verdankt, und halluziniert von orientalisch anmutenden Jungfrauen, »alle in Schwarz gekleidet, mit weißen Turbanen auf dem Kopfe, nach türkischer Art.«

Wir dagegen sahen lediglich Felswände in schillernden Farbvariationen, spürten die Kälte einer abgeschiedenen Höhlenwelt und schreckten Fledermäuse auf.

*

Schauplätze des *Don Quijote* für sich zu beanspruchen, ist in der Mancha weit verbreitet. Fast jeden Ortseingang ziert eine Silhouette des traurigen Ritters und seines bauernschlauen Dieners aus schwarzem Eisenblech. So ist es auch in dem Dorf Argamasilla de Alba. Hier fanden wir in der Pfarrkirche San Juan auch einen wichtigen Hinweis auf das etwaige historische Vorbild für die Figur des Don Quijote. Auf einem mehr als 400 Jahre alten Ölbild sahen wir den streng blickenden Don Rodrigo Pacheco, der die Jungfrau Maria anbetet. Einer Inschrift entnahmen wir, dass Rodrigo Pacheco im Jahr 1601 wegen einer schweren Gehirnerkrankung um göttlichen Beistand bat. Dieser Umstand sowie das Bildnis selbst gelten manchen als Indizien dafür, dass der Landadlige als reale Vorlage für Cervantes' Held gedient haben könnte.

Ein paar stille Straßen weiter besuchten wir das örtliche Kulturhaus, ein einstöckiges weißes Gebäude. Vom Innenhof wurden wir in ein unterirdisches Steingewölbe geführt. »Hier hat Miguel de Cervantes in Haft gesessen. Und hier hat er auch begonnen, am *Quijote* zu schreiben«, erklärte der Museumsführer. Worte, denen ich nicht so recht glauben konnte. Denn mittlerweile wusste ich, dass es keine eindeutige Quelle gibt, die diese Aussage belegen kann. Bis heute ist kein Dokument bekannt, das über die drei Jahre – von 1600 bis 1603 – Auskunft gibt, in denen der spanische Schriftsteller am *Don Quijote* arbeitete.

Seltsam war nur, dass mir dieser Nachweis plötzlich gar nicht mehr wichtig war. Denn hier, in dem weiß geschlämmten Kellerraum, der als Cervantes-Gefängnis gilt, war mir egal, was wahr ist oder nicht. Als ich sah, was vielleicht Cervantes gesehen haben könnte – den Holztisch mit Kerzenhalter, den Schemel, die Steinbank mit einer Strohmatte darauf und das kleine Fenster, durch das schwaches Sonnenlicht drang –, war mir völlig gleichgültig, ob Spaniens berühmter Dichter tatsächlich in dieser urigen Kartause an seinem bedeutenden Roman geschrieben hatte. Ich wollte gar nicht, dass dieses Rätsel gelöst wird. Viel lieber wollte ich dem Boden der gesicherten Tatsachen entfliehen; die mangelhafte wissenschaftliche Absicherung historischer Gegebenheiten sollte die Macht meiner Phantasie nicht eintrüben. Ich wollte nicht, dass sich die Ergriffenheit verflüchtigte, die ich in diesem Gewölbe spürte. Ich wollte einfach glauben, dass alles wahr ist.

*

Fahles Grau-Schwarz dominierte zwei Tage später den Himmel. Die Melancholie der grandiosen Weite wurde vom Wind hinweggeblasen. All die wunderbaren Farben der Mancha verschwanden in einem konturlosen Nichts. Und aus den finsteren Wolkenbänken prasselten sturzbachartige Regengüsse nieder, rannen über Haare, Stirn und Regenmantel. Land unter in Don Quijotes Reich. Was tun? Weitergehen? Einen Unterschlupf suchen? Wir schauten uns um, konnten aber weder eine geschützte Bleibe entdecken noch einen geeigneten Ort zum Aufbau unseres Zeltes finden, weil die Regenmassen das ausgedörrte Erdreich der abgeernteten Felder im Nu in eine sumpfige Masse verwandelten. Und die Landstraße war weit.

Also stapften wir Stunde um Stunde durch Regen und grau-öde Düsternis, kamen aber nur langsam voran. Bei jedem Schritt versanken unsere Stiefel in dem schwammigen Boden. Wir brauchten mehr als eine Stunde, um nur zwei Kilometer zurückzulegen.

Ich weiß nicht mehr, wie lange wir uns im Dauerregen voranmühten, ehe die Himmelsflut endlich nachließ. Völlig durchnässt trafen wir auf Frederico, einen älteren Bauern mit geflickter Baskenmütze und großem Schnauzer. Mit seinem zweirädrigen Holzkarren, den ein Maultier zog und der mit mächtigen Baumwurzeln beladen war, hielt er auf uns zu und fragte nach Woher und Wohin. Triefnass erzählten wir von unserer Mancha-Wanderung. »Ihr seid ja genauso verrückt wie Don Quijote und Sancho Panza«, sagte er mit einem verschmitzten Lächeln und gab uns dann mit wenigen Worten zu verstehen, dass wir ihm folgen sollten.

Nur wenige hundert Meter weiter, hinter einem kleinen Hügel gelegen, befand sich sein Gehöft. Dort führte er uns zu einem betagten Bretterschuppen. »Hier könnt ihr übernachten«, meinte er und verschwand in seinem Haus. Freudig spannte Aaron sogleich eine Leine quer durch den rustikalen Raum, um unsere nassen Sachen zum Trocknen aufzuhängen – Wollsocken, Hosen, Hemden, Fließjacken, T-Shirts. Später richteten wir uns ein Nachtlager zwischen den Heuballen ein. Der Mief unserer Kleider hing noch in der Luft, als Frederico einen Krug Rotwein und einen großen Teller mit gebratenem Huhn und Kartoffeln brachte, während die Abendsonne, Wärme versprechend, durchs Gewölk blinzelte.

Wie wenig braucht doch der Mensch zum Glücklichsein, dachte ich.

*

Anderntags kam mir unser Vorankommen wie ein Traum vor. Das Blau des klaren Himmels stieß mit der lichten Landschaft zusammen, die sich mit ihrer steinigen und rostroten

Erde in die Endlosigkeit dehnte. Schritt für Schritt liefen wir voran und waren uns einig: Diesem farbenprächtigen und stillen Hügelland hatte Cervantes mit seinem Roman wahrlich einen großen Dienst erwiesen. Er machte die Region, die heute zu den am dünnsten besiedelten Spaniens zählt, zur Heimat eines furchtlosen Ritters, dessen Name mittlerweile untrennbar mit der Mancha verbunden ist. Ganze Busladungen mit Touristen werden Woche für Woche von Madrid oder Toledo in das Land Don Quijotes chauffiert, um die angeblichen Schauplätze des weltberühmten Romans in Augenschein zu nehmen.

Zu den von Cervantes namentlich genannten Handlungsorten in der Mancha zählt auch das malerische Campo de Criptana. Ein gepflegter, ländlicher Ort von etwa 15 000 Einwohnern. Weiße Häuser mit viel Blau säumten die Bergflanke des Cerro de la Paz, auf dessen Plateau einige Windmühlen standen. Hier gab es Fotomotive satt, sodass wir bis nach Sonnenuntergang auf dem kargen Plateau der Sierra de los Molinos blieben, hoch über der Stadt. Und während Aaron immer wieder zur Kamera griff und voller Begeisterung geeignete Standpunkte suchte, um die vielfältigen Himmelsfarben und die Magie der Weite auf einem Foto einzufangen, saß ich schweigend auf einem Felsblock und genoss die überwältigenden Ausblicke.

Später am Abend saßen wir zusammen mit einigen Bewohnern des Ortes bei Rotwein, Käse und Oliven in einer gemütlichen Taverne. Je mehr es auf Mitternacht zuging und je häufiger die Gläser immer wieder von neuem gefüllt wurden, desto nachdrücklicher wurden die Behauptungen der Manchegos, dass die Mühlen von Campo de Criptano – ohne Wenn und Aber – jene seien, die Cervantes beim Schreiben seines Romans gemeint hatte. Wir trauten uns nicht zu widersprechen, in Anbetracht der feucht-fröhlichen Stimmung. Also nickten wir zustimmend und zeigten uns tief beeindruckt.

*

Eng verbunden mit Cervantes' Roman ist auch El Toboso. Einer der hübschesten Orte der Mancha, der an mehreren Stellen im Buch erwähnt wird. Als wir hier am späten Nachmittag ankamen, herrschte große Stille. Ähnlich erleben es auch Don Quijote und Sancho Panza, als sie in El Toboso einziehen: »Im ganzen Flecken hörte man nichts außer Hundegebell (…). Von Zeit zu Zeit schrie ein Esel, grunzten Schweine, miauten Katzen.«

Durch enge Straßen und Gassen, in denen wir kaum einen Menschen trafen, gelangten wir zum Marktplatz, wo sich die Pfarrkirche San Antonio Abad befand. Im gotischen Spitzbogenstil erbaut, stammt die Kirche aus dem 15. Jahrhundert. Der kantige Turm überragte die meist niedrigen Häuser aus weiß geschlämmtem Bruchsteinmauerwerk.

Gleich gegenüber der Kirche, an einem kleinen Springbrunnen, entdeckten wir zwei Figuren, in Eisen gegossen. Hier kniete Don Quijote vor Dulcinea, seiner angebeteten Edeldame, die im Geist seine »Königin und Gebieterin ist; ihre Schönheit ist übermenschlich, denn in ihr vereinigen sich wahrhaftig alle unmöglichen und erträumten Schönheitsideale, die die Poeten ihren Damen beilegen: denn ihr Haar ist golden, ihre Stirn ist das elysische Gefilde, ihre Augenbrauen sind Himmelsbogen, ihre Augen Sonnen, ihre Wangen Rosen, ihre Lippen Korallen, Perlen ihre Zähne, Alabaster der Hals, Marmor die Brust, Elfenbein die Hände, ihre Haut wie der Schnee, und alles, was die

Anständigkeit dem menschlichen Auge entzieht, ist nach meiner Überzeugung so beschaffen, dass es dem liebenden Herzen köstlich, aber ohne alle Vergleichung ist.«

Dulcinea ist die dritte wichtige Figur des Cervantes-Romans. So nennt Don Quijote das einfache Bauernmädchen Aldonza Lorenzo und macht sie zu seiner imaginären Geliebten, ohne dass diese von seiner Liebe jemals erfährt. Bereits im 1. Kapitel des Buches schreibt Cervantes, dass zu jedem Ritter auch eine Herzensdame gehöre, »denn der fahrende Ritter ohne Liebe sei ein Baum ohne Blätter und Frucht, ein Körper ohne Seele«. Und an anderer Stelle liest man, dass »Verliebtheit ein Hauptelement der irrenden Ritterschaft ist«.

Als reales Vorbild der schönen Dulcinea gilt vielen Ana Zorca de Morales, mit der Cervantes ein amouröses Abenteuer gehabt haben soll. Vom Bürgermeister erfuhren wir, dass Cervantes den Vornamen Ana in »Dulci Ana« umgewandelt habe, woraus »Dulcinea« geworden sei. Das Haus, in dem die Familie von Ana Zorca de Morales lebte, fanden wir im alten Ortskern von El Toboso. Ein mehrstöckiges Gebäude aus dem 16. Jahrhundert mit zwei Wappen über dem herrschaftlichen Eingangsportal, das heute ein Museum ist und »Museo Casa Dulcinea« heißt. Beim Eintritt wurden wir von einer Angestellten darauf aufmerksam gemacht, dass wir im Inneren des Hauses nicht fotografieren dürften. Erst der Bürgermeister, ein ebenso liebenswerter wie engagierter Mann, ermöglichte uns den Museumsbesuch mit Kamera.

Als wir im Dulcinea-Haus die großräumige Küche sowie das vornehm eingerichtete Schlaf- und Arbeitszimmer mit dem dazugehörigen Mobiliar betraten, war es, als würden wir in eine längst vergangene Zeit eintauchen. An einer weißen Wand entdeckten wir als eines der Ausstellungsstücke einen handschriftlichen Brief – der soll jenen illustrieren, den Don Quijote im Roman seiner Geliebten Dulcinea schreibt, der aber nie ankommt, weil sein Knappe Sancho Panza ihn verliert.

Gegen Mittag, wenn die Spanier ihre Siesta zwischen zwei und fünf Uhr streng einhalten, eine Art ritualisierter Müßiggang, besuchten wir eine kleine Taverne. Unter dem Schatten knallroter Sonnenschirme bestellten wir als Vorspeise eine Terrine mit *Sopa Castellana* (Schinkensuppe). Danach aß Aaron *Duelos y quebrantos*, Rührei mit Paprikawurst und Schinken – eine der Leibspeisen des Don Quijote –, während ich mich für *Caldereta* entschied, ein Lammragout mit Tomaten, Knoblauch, Zwiebeln, Salz, Pfeffer, Mehl und zermahlenem Brot. Eine wahre Gaumenfreude.

Gut gestärkt spazierten wir nochmal zum Marktplatz von El Toboso. Nicht weit vom Rathaus hatte man Miguel de Cervantes zu Ehren ein kleines Museum eingerichtet. Die »Biblioteca Cervantina«. Neben zahlreichen Gemälden, Skizzen und Karikaturen, die von den Abenteuern des »Don« erzählen, fanden wir hier auf zwei Stockwerken mehr als dreihundert Buchausgaben in fünfzig Sprachen, darunter Bände auf Keltisch, Arabisch, Chinesisch, Japanisch, Vietnamesisch, Persisch, Hebräisch, Bulgarisch, Französisch, Russisch, Deutsch und Esperanto.

Viele Ausgaben, die aufgeschlagen in Schaukästen unter Glas lagen, waren von bekannten Persönlichkeiten signiert: König Juan Carlos, Margaret Thatcher, Ronald Reagan, Richard von Weizsäcker und Paul von Hindenburg. Auch Gaddafi, Franco, Mussolini und Hitler haben sich hier mit ihren Namenszügen eingetragen.

*

Unter wechselndem Himmel wanderten wir weiter in Richtung Osten und kamen nach Mota del Cuervo. Ein winziges Dorf, das für sich ebenfalls in Anspruch genommen hat, ein Gasthaus bieten zu können, in dem Don Quijote vom Wirt zum Ritter geschlagen worden sei. Zwischen menschenleerer Wein- und Ölbaumgegend folgten wir dann einer Asphaltstraße, die sich windungsreich durch die Mancha schlängelte. Stunde um Stunde zog die Einsamkeit unter unseren Füßen dahin. An manchen Tagen fühlten wir uns wie Schnecken, die mit immer gleichen Bewegungen gegen eine schier grenzenlose Weite ankrochen. Wir liefen über sanft gewellte Höhenzüge und passierten Landstriche, die der vernarbten Haut eines riesigen Drachen glichen. Nur manchmal sahen wir eine Schaf- oder Ziegenherde, die vom Hirten vorangetrieben wurde und die wie eine Fata Morgana am Horizont erschien. Ein anderes Mal hielt ein Trecker auf uns zu, den Anhänger mit Weintrauben voll beladen. Freundlich grüßend reichte uns der Bauer eine Plastiktüte mit Trauben und ratterte weiter.

Tags darauf kamen wir zur zinnenumsäumten Bilderbuchburg Belmonte, die auf einem kahlen Bergrücken thront. Eine gotische Festung mit maurischen und abendländischen Elementen, die mit ihren vier runden Ecktürmen einer quijotesken Fiktion gleicht. Saatkrähen umflogen das gewaltige Kastell, dessen meterdicke Mauern aus gelbem Sandstein bestehen. 1456 wurde das Castillo de Belmonte auf Befehl von Don Juan Pacheco, Herzog von Villena und Vertrauter Heinrichs IV. von Kastilien, errichtet. Lange Zeit war die imposante Befestigungsanlage Sitz des Landesgouverneurs. Hier wurde höfische Zucht zelebriert und reisende Ritter fanden Aufnahme. Heute gilt die sternförmige Burg als eine der besterhaltenen Festungen des Spätmittelalters in Spanien und diente gelegentlich als Kulisse für Historienfilme (z. B. *El Cid* mit Charlton Heston). Über flache Stein- und enge Wendeltreppen stiegen wir in das Innere der Prachtburg, liefen durch altertümliche Räume mit gotischem Interieur, sahen die Schlaf- und Esszimmer mit tiefen schmalen Fenstern, die Kamine, über denen Wappen eingemeißelt waren, und die herrlichen Decken, die verschlungene Holzbänder zierten.

Ähnlich eindrucksvoll muss die märchenhafte Festung schon zu Cervantes' Zeiten ausgesehen haben, weshalb der spanische Dichter den mit Mauern umschlossenen Burghof wohl als Romanschauplatz auswählte. Hier, so erfuhren wir, soll Cervantes den Kampf zwischen Don Quijote und seinem Freund Sansón Carrasco angesiedelt haben. Dem Roman zufolge verkleidet sich Carrasco als »Spiegelritter«, der den versponnenen Quijote in einem Duell besiegen will, um ihn anschließend als geschlagenen Ritter nach Hause zu schicken. Doch ausgerechnet aus diesem Zweikampf geht Don Quijote als Sieger hervor.

*

Weiter ging es der Landstraße nach, mit ihren zahlreichen Verführungen zu Abzweigungen und Umwegen. Im rastlosen Takt marschierten unsere Füße auf dumpfem Asphaltpflaster. Hin und wieder liefen wir auch quer landein. Dann ging es durch vertrocknete Sonnenblumen- und duftende Knoblauchfelder, und immer wieder sahen wir Ölbäume, deren hochbetagte Stämme vom stetigen Wind bizarr verdreht waren. Sanft gerundete Hügelketten und kesselartige Talsohlen bestimmten die Quadratur der wohlbestellten Felder, die die Armut vergessen ließen, die hier eine lange

Tradition hatte. In der Luft hing ein Geruch, als würden die Manchegos Kartoffelkraut und Stroh verbrennen. Manchmal roch es auch wie in einem Kräutergarten – oder die Erde schien einen Duft zu verströmen, der irgendwie berauschte.

Bei der Suche nach dem Charakter dieses archaischen Landes offenbarten sich uns ganz unerwartete Stimmungen und Einsichten über den jahrhundertelangen Kampf der Menschen gegen die übermächtige Natur. Land der Farben, Land der Härte … Nach mehr als drei Wochen lernten wir allmählich, die zwei Gesichter der Mancha begreifen, die manchmal ganz eng zusammenlagen: So bescherte uns am frühen Morgen, als wir auf weiter Flur aus dem Zelt krochen, der Himmel eine Sonnenlichtidylle, deren Stille nur vom Flügelschlag einiger Reiher und Pfeifenten unterbrochen wurde. Zwei Stunden später zerstörte ein infernalisches Gewitter den Frieden. Regenfluten überschwemmten die saubere Gleichförmigkeit der Ebenen.

Anderntags machten wir uns nach dem Frühstück gleich wieder auf den Weg in nordöstlicher Richtung. Zwei Paar Beine, die sich im gleichmäßigen Auf und Ab der Landschaft bewegten. Erneut folgten wir der Landstraße, die uns mitzog wie ein Sog. Es ging durch eine scheinbar gottverlassene Ländlichkeit, die sich in einem kieferbestandenen Hügelgelände verlor. Die kurvenreiche Straße, fast ohne Verkehr, lag plötzlich höher als die schachbrettartigen Felder. Die Hügel, in der Farbe der Tonerde, rückten näher, und der Baumbewuchs wurde dichter.

Wie Don Quijote liefen wir unseren geträumten Bildern nach und schauten schließlich aus tiefem Tal zu den Casa Colgadas auf, den hängenden Häusern von Cuenca, die im 14. Jahrhundert am Rand einer steil abfallenden Felswand

erbaut wurden. Viele Jahre lang dienten sie als Sommer-
residenz der königlichen Familie, und seit 1996 zählen sie
zum Weltkulturerbe. Hätte Cervantes seinen Ritter von
der traurigen Gestalt auch zu den hängenden Häusern von
Cuenca geschickt, so hätte Don Quijote diese mehrstöckigen Gebäude, deren verzierte Holzbalkone über dem Abgrund schweben, sicher für seltsame Wesen gehalten, denen
er mit Schwert und Lanze zu Leibe gerückt wäre.

Hoch oben, auf dem Felsplateau, das fast senkrecht zu den
Flüssen Júcar und Huécar abfällt, drängt sich die malerische
Altstadt von Cuenca. Von den Römern einst als »Conca«
gegründet, wurde sie später als maurische Siedlung um-
gebaut. Über zahllose Treppen stiegen wir zu dem engen
Gassenlabyrinth hinauf und erkundeten die Glanzpunkte
der Altstadt. Es war wie das Aufschlagen eines Geschichts-
buches: Die Plaza Mayor mit ihren Arkaden, das barocke
Rathaus, die gotisch-normannische Kathedrale und der
Torre Mangana, ein ehemaliger arabischer Wachturm.

Nach zwei Nächten in Cuenca wanderten wir durch grandiose Gebirgsschluchten mit mächtigen Felswänden. Hier
war die Natur schroff und kantig, mal baumdunkel oder
lichtgrün. Dichte Sträucher drängten sich auf unserem Weg,
Spinnenweben klebten am Gesicht, ehe wir wieder in das
offene Land kamen und einen geographischen Haken nach
Westen schlugen. Über Tarancòn führte unsere Route nach
Ocaña, wo die Häuser im Quadrat um die Plaza Mayor
standen. Ein wunderbarer Marktplatz in ländlich-derber
Architektur, wo wir am Abend unter der platzumlaufenden
Arkadengalerie in einer Bar saßen. Bei Wein, Oliven und
Tapas kamen wir mit einigen älteren Spaniern ins Gespräch,
während über der Theke die Fernsehbilder eines Stierkamp-
fes flimmerten.

Als wir von unserer La-Mancha-Wanderung erzählten, wurden wir mit großem Hurra gefeiert. Plötzlich war das halbe Lokal vom Don-Quijote-Virus gepackt, und wir bekamen einen Vino tinto nach dem anderen serviert.

»Cervantes' Buch ist ein Klassiker«, sagte Rafael, ein fröhlicher Stoppelbartträger mit löchrigem Panamahut.

»Der Roman ist ein Geschenk des Himmels«, rief ein anderer.

»Wir lieben Don Quijote«, sagte ein dritter.

»Doch noch mehr lieben wir Sancho Panza«, meinte Juan, ein stämmiger Weinbauer mit großer Nase und buschigen Augenbrauen.

»Sancho Panza ist einer von uns«, fügte Manuel hinzu, ein etwas dicklicher Landwirt.

Recht hatte er. Denn nicht nur in Ocaña, sondern in der gesamten Mancha hatten wir den Geist von Sancho Panza gespürt. Er ist ein echter Manchego: Geduldig und zuverlässig, warmherzig und erdverbunden – und manchmal auch ein bisschen dick.

*

Jenseits von Ocaña passierten wir weite Felder und kleine Häuser in lebhaften Farben, gepflegt und bescheiden. Über allem lag ein graubläulicher Dunst, der uns die Entfernungen kaum noch einschätzen ließ. Fast mechanisch liefen wir auf dem Asphaltband dahin, während die Autos mit hoher Geschwindigkeit an uns vorbeibrausten. Gegen Mittag fanden wir einen aufgespannten Baumschirm, in dessen Schatten wir rasteten, etwas Brot, Käse und Obst aßen. Dann stiefelten wir nach Aranjuez. Es ist die Stadt der Lust- und Sommerschlösser der spanischen Könige, die in einem bewaldeten Tal am Ufer des Tajo liegt. Bei herrlichstem Sonnenschein erlebten wir hier den Jardín de la Isla, ein großzügiger Park im französischen Stil, angelegt in einer weiten Flussschleife.

Als wir tags darauf Aranjuez verließen und dem Flusslauf des Tajo folgten, waren wir mit allen Sinnen und Gedanken dort, wo unsere Beine liefen. Ganz bewusst wollten wir die letzten Kilometer nach Madrid in uns aufnehmen, auch wenn der Rucksack mittlerweile etwas drückte, die Waden kniffen und sich die Bandscheiben nach einer Wegstrecke von tausend Kilometern meldeten. Dennoch spürten wir die Wehmut, die uns auf den Fersen war.

*

Nach vier Wochen auf Schusters Rappen endete unsere Wanderung im Zentrum von Madrid, auf der Plaza de España. Ein prachtvolles Standbild erinnert hier an Cervantes, der vor einem massiven Steinobelisken sitzt. Davor seine abenteuerlich irrenden Romanfiguren: Don Quijote reitend auf seinem Klepper Rosinante, rechts von ihm der beleibte Sancho Panza auf einem Esel; zur Linken: Dulcinea, Don Quijotes Herzensdame.

Mit müden Beinen saßen wir auf einer Bank und bilanzierten unsere Erlebnisse, Eindrücke und Erfahrungen. Noch einmal liefen wir in Gedanken durch die Weite der Mancha. Dort reiten der Ritter von der traurigen Gestalt und sein gutmütiger Gefährte immer weiter – besonders in den Herzen der Manchegos.

5

DER WEG IST DAS ZIEL

Die Kunst, dort zu sein, wo man ist

Auf die Haltung allein kommt es an.
Denn nur sie allein ist von Dauer und nicht das Ziel,
das nur ein Trugbild des Wanderers ist,
wenn er von Grat zu Grat fortschreitet,
als ob dem erreichten Ziel ein Sinn innewohnt.

ANTOINE DE SAINT-EXUPÉRY

Die buddhistische Weisheit »Der Weg ist das Ziel« illustriert eine metaphysische Verwandtschaft von Gehen und Leben. Eine wunderbare Aufforderung, um beim Unterwegssein nach einem fernen Ziel die reizvollen Dinge am Wegesrand nicht zu vernachlässigen. Gleichwohl habe ich das fernöstliche Sprichwort niemals allzu wörtlich genommen, denn auf all meinen Wanderungen war mir der Weg ebenso wichtig wie das tatsächliche Ziel. Beides schärfte meinen Blick. Und beides führte zu neuen Erfahrungen und Einsichten.

Auf meinen Zu-Fuß-Reisen gab es kein Geteiltsein. Wenn Kopf und Körper beim Unterwegssein eins werden, so hatte ich zwar immer ein Ziel vor Augen, doch immer war ich auch offen für Umwege, die zu Zwischenzielen wurden. Schließlich gab es auf jedem Weg viele Abzweigungen und Gabelungen, die mich auf neue Pfade, zu neuen Orten und neuen Begegnungen führten, die die Wahrnehmung intensivierten und den eigenen Horizont erweiterten. Ohne diese Umwege wären meine Wanderungen niemals so gewinnbringend und abwechslungsreich gewesen.

Aus diesem Grund lasse ich mich gerne von ungeplanten Pfaden und ungewissen Begegnungen überraschen. Wer alles im Voraus plant, ständig auf seine Sicherheit bedacht ist und spontanen Entschlüssen nichts abzugewinnen weiß, der wird all das versäumen, was das Leben zuweilen an spannenden Überraschungen zu bieten hat.

Natürlich hat jeder Weg, für den ich mich im Laufe der Jahre entschied, eine ganz besondere Bedeutung. Doch jeder Weg war für mich nur das Medium, auf dem sich all das ereignete, was das Leben so herrlich abwechslungsreich macht. Das Unvorhersehbare und das Ungeplante gehören unbedingt dazu – sowie Mühsal, Schweiß und manchmal auch Tränen. Nicht zu wissen, was mich auf meiner Reiseroute (oder meinem Lebensweg) erwartet, macht das Unterwegssein erst lebenswert.

Auch die Anstrengungen einer Reise haben mir niemals den eingeschlagenen Weg oder das Ziel gleichgültig werden lassen. Im Gegenteil. Wenn alles Unwesentliche abgestreift war und sich für mich die Dinge wie von selbst ordneten, erschienen mir alle Mühen eines Weges ganz logisch. Was einfach und problemlos zu erreichen war, empfand ich beim Unterwegssein nie als erstrebenswert.

Ich denke, es ist leicht zu verstehen, dass man sich beim Zu-Fuß-Reisen der verändernden Kraft eines Weges stellen muss. Beschwerlichkeiten, Entbehrungen und das ständige Gefasstsein auf ungewöhnliche Situationen gehören nun mal dazu. Erst dadurch bekommt nicht nur mein Weg, sondern auch das angestrebte Ziel eine wesentliche Bedeutung.

UNTERWEGS IN DEN PYRENÄEN, AUF EINEM TEILSTÜCK DES
JAKOBSWEGES.

Eine solche Erfahrung hebt mich aus den Grenzen meines Alltags-Ichs heraus, weckt ungeahnte Energien, und jeder scheinbar noch so unüberwindliche Weg wird für mich dadurch noch interessanter, noch verheißungsvoller.

Jeder Weg, auf den ich mich bislang einließ, schenkte mir überdies nicht nur innere Freiheit, sondern war auch ein Zugewinn an Energie und Wachheit, die ich beim stetigen Gehen deutlich spürte, sodass ich meine Umwelt sehr viel intensiver wahrnehmen konnte: Bäume, Blumen, spärliches Gras, kristallklare Bäche, schneebedeckte Gipfel und bauchige Wolken, die der Wind über den blauen Himmel trieb. Daher schätze ich auch die Worte des indischen Wandermönchs Satish Kumar ganz besonders: »Es kommt nicht darauf an, was das eigentliche Ziel des Lebens ist, sondern darauf, was Sie mit der Zeit dazwischen – der Reise – anfangen.«

Den *einen* Weg zur erhofften Erkenntnis, um seine eigene Lebensführung zu überdenken, gibt es aber nicht. Denn jeder Mensch trägt nun mal andere Sehnsüchte in sich. Der eine wandert gern am Meer oder folgt einem überwucherten Waldweg, ein anderer geht auf schmalem Eselspfad durchs Gebirge, ein dritter spaziert durch blühende Felder entlang kleiner Flussläufe oder zieht seine Spuren durch Wüstensand. Jeder sucht sich seinen individuellen Weg, der zu ihm passt. Doch in beinahe jedem dieser Wege lässt sich eine symbolische Botschaft finden. Man muss sie für sich nur zu deuten wissen.

Zum Glück war ich auf meinen Wanderungen niemals gezwungen, auf einem vorgezeichneten Weg zu bleiben. Meinen Lebensweg sowie meine Zu-Fuß-Reisen konnte ich weitgehend selbst bestimmen, wobei mir vor allem die Neugier auf Begegnungen und die Freude am Unterwegssein wunderbare Begleiter waren. Insofern halte ich es mit einem Satz, den ich schon vor vielen Jahren während einer längeren Wanderung durch Chinas Wüste Gobi in mein kleines Notizbuch schrieb: »Begeisterung und Leidenschaft fragt nicht nach Sinn und Zweck.« Man geht seinen Weg, weil man so ist, wie man ist, weil einen der Bauch und das Herz dazu antreiben, weil man gar nicht anders kann.

Auch wenn es mich zum Gehen und Wandern immer wieder hinaus in die weite Welt treibt, so habe ich gleichwohl erfahren, dass Wege und Ziele weder Ferne noch Exotik brauchen. Im Gegenteil. Man kann auch einfach mal aus seiner Haustür treten und neue Wegstrecken einschlagen, die man noch nicht kennt. Schließlich geht es beim Beschreiten neuer Wege doch vor allem um die Herausforderung des eigenen Bewusstseins, wenn man zu Fuß seine nächste Umgebung mit neugierigem Blick erkundet.

Mein Motto: Gehen, einfach nur gehen, egal in welcher Umgebung – und versuchen, das Ziel gewissermaßen als Hintergrundrauschen wahrzunehmen, vor allem aber im Bewusstsein einen Einklang herzustellen von Körper und Weg. Alles Erhellende ergibt sich meist von selbst. Das ist die Kunst, dort zu sein, wo man ist.

6

AM HEILIGEN FLUSS

Eine Nil-Wanderung von Kairo nach Luxor

> Immer, wenn ich mitten im Alltag innehalte
> und gewahr werde, wie viel mir geschenkt ist,
> werden die zahllosen Selbstverständlichkeiten
> zu einer Quelle des Glücks.

GUSTAVE FLAUBERT

Ohne ein Buch gehe ich nie auf eine Wanderung. Ich brauche immer etwas zum Lesen. Gute Nahrung für den Geist, wenn ich allein unterwegs bin. Denn gute Bücher sind auch gute Begleiter. Nicht immer muss das ausgewählte Buch das eigene Wanderziel zum Thema haben. So habe ich in Kanada Henry Miller gelesen, in der Sahara Günter Grass und in China Siegfried Lenz. Nach Ägypten aber nahm ich ein Buch mit, das auch mit meinem Reiseziel zu tun hatte: *Die Reise nach Ägypten* von Gustave Flaubert. Schon vor Jahren hatte ich es erstmals gelesen. Nun sollte es meine Wanderlektüre sein. Denn Flauberts Ägypten-Buch hatte mich für das Land der Pharaonen begeistert. Dort wollte ich den Nil flussaufwärts wandern, von Kairo nach Luxor. Zwei Monate hatte ich mir Zeit genommen, um Afrikas heiligen Fluss etwa 700 Kilometer zu folgen, dessen Gesamtlänge weit über 6500 Kilometer beträgt.

Gustave Flaubert bereiste den Nil mit einer ägyptischen

Feluke, einem hölzernen Schiff mit großem weißem Dreiecksegel. Von Kairo führte seine Reise stromaufwärts nach
Assuan und zu den Tempeln von Abu Simbel. Gelangweilt
von seinem Jurastudium und enttäuscht über die Kritik an
seinen literarischen Versuchen, war der 27-jährige Flaubert
zusammen mit seinem Jugendfreund, dem Journalisten
und Fotografen Maxime Du Camp (einer der ersten Fotografen), 1849 nach Ägypten gekommen. Er wollte Abstand
gewinnen und suchte in der exotischen Fremde nach neuer
Inspiration.

Seit Jahren hat es für mich einen ganz eigenen Reiz, wenn
ich mich auf den Weg mache, um die Orte, Landschaften
und Schauplätze einiger geliebter Bücher in Augenschein
zu nehmen. Das Unterwegssein auf den Spuren von Dich-
tern und Schriftstellern – ob Flaubert, Miguel de Cervantes
oder Heinrich Heine – bereichert meine Lektüre um eine
zusätzliche Perspektive, die sich zwischen den Buchdeckeln
nicht finden lässt; es gewährt mir Einblicke in jene längst
vergessenen Zeiten, in denen so manches wunderbare Buch
entstanden ist – geprägt vom Unternehmungsgeist seiner
Schriftsteller und deren Denkanstößen in der Fremde.

In Ägypten war also Gustave Flaubert mein literarischer
Reisementor. Viele Abende saß ich während meiner Nil-
Wanderung am Flussufer, las in seinem Reisetagebuch und
schaute über den breiten Strom, der seit Tausenden von
Jahren eine Schneise der Fruchtbarkeit in die ausgedehnten
Wüsten Nordafrikas gräbt. Und immer wenn der Wasser-
spiegel des lebensspendenden Stroms sank, flammten Ver-
teilungskämpfe zwischen den Stämmen auf. Denn meist
verringerten sich dann die Ackerflächen so stark, dass der
Ertrag nicht mehr für alle ausreichte.

Kein anderer Strom der Erde ist so zu einer Lebensader

geworden wie der Nil. Noch heute entscheiden seine Fluten über Wohl und Wehe von Millionen Menschen in Ägypten und im Sudan.

*

Begonnen hatte meine Reise in Kairo. Die Nil-Metropole wird von den Arabern *Al Qahira* genannt, die Siegreiche. Treffender wäre: die Chaotische. Denn Kairo ist eine hektische Stadt mit unnachahmlicher Geräuschkulisse, die mittlerweile mehr als 15 Millionen Menschen beherbergt. Dabei war sie nur für zwei bis drei Millionen konzipiert. Die Infrastruktur ist völlig zusammengebrochen, der Verkehr kollabiert, der Wohnungsbau ist eine Katastrophe, und viele Viertel sind heruntergewirtschaftet. Zwischen Wolkenkratzern und baufälligen Behausungen fließt ein nie enden wollender Strom von Autos, Motorrädern, Eselskarren, Pferdekutschen und Kamelen. Und über allem schallen die Rufe der Muezzins. Etwa tausend Minarette gibt es in Kairo, die fast alle mit Lautsprechern bestückt sind, um die Gläubigen zum Gebet in die Moscheen zu rufen.

Während ich in den lärmenden Straßen und dem verwinkelten Häusergewirr versuchte, mir einen Weg zu bahnen, hatte ich manchmal das Gefühl, in einer Menschenflut zu ersticken. Kairo ist keine Stadt, in der man einfach so herumspaziert. Kairo nimmt gefangen und macht betroffen. Ungläubig sieht man Dinge, die man eigentlich nicht sehen möchte. Vor allem in den engen Seitengassen, wo der Staub das Atmen erschwerte, türmte sich der Müll, herrschte Elend und Schmutz. Ich begegnete Bettlern, die still ihre Hände nach ein paar Münzen ausstreckten, sah vermummte Alte in verblichenen Gewändern, die sich auf einem kleinen Plätzchen, inmitten von Abfall, zu einem Murmelspiel trafen, und beobachtete zahllose Obdachlose, die auf den Friedhöfen zwischen den Grabsteinen kampierten, wo sie ihre Bleibe mit den Toten teilten.

Trotz Armut, Bevölkerungsexplosion und politischer Wirren ist Kairo keine Stadt der grauen Depression. Kairo lebt und atmet, ist eine Stadt, deren pulsierende Betriebsamkeit jeden Reisenden aufsaugt, eine Stadt, die den Eindruck vermittelt, als habe sie schon Jahrtausende hinter sich. Dabei wurde sie erst vor rund tausend Jahren gegründet. Viele deutsche Städte sind älter.

Abends im Hotel fand ich nur wenig Schlaf. Zu aufgeladen war mein Kopf von den Eindrücken des Tages. Manchmal fühlte ich mich wie betäubt von Lärm, Hitze, Staub und Dreck, von der Schwere orientalisch anmutender Gerüche. Meist ging ich dann in den pflanzenbestückten Innenhof des Hotels, setzte mich an einen kleinen Tisch, schrieb Tagebuch und genoss den Duft einiger Rosenstöcke, die sich mit Oleander und Hibiskus mischten, während vom Erdboden des Gartens, der nach Sonnenuntergang ausgiebig bewässert wurde, eine wohltuende Kühle aufstieg.

Nach einer Woche in Kairo packte ich im Morgengrauen meinen Rucksack und lief durch graue Häuserschluchten zum Nil. Ganz plötzlich lag er vor mir: der göttliche Fluss. Ein breiter Streifen glitzernden Wassers, der selbst zum Sonnenaufgang schon von Booten in allen Größen wimmelte.

Mein Weg führte stromaufwärts – Richtung Süden. Das Glucksen der Wellen begleitete mich, während ich über die windgekräuselte Oberfläche des Nils schaute, dessen Breite ich nur erahnen konnte. Vielleicht drei- oder vierhundert Meter. Und darüber der Himmel Afrikas, den schon die Pharaonen verehrten. Er war zart violett gefärbt und unglaublich weit. Vielleicht gibt es nirgendwo anders auf der Welt einen derart gewaltigen Himmel. Wer von diesem Himmel erzählen will, muss von der Unendlichkeit sprechen, denn dieser Himmel liegt jenseits aller Vorstellungskraft. Ein zeitloser Raum, wo Größen und Distanzen nicht mehr den normalen menschlichen Erfahrungswerten entsprechen. Und unter diesem Himmel, der mir meine menschliche Winzigkeit begreiflich machte, wanderte ich an Ägyptens großem Strom entlang, der sich in wechselhaften Farben zeigte – mal grün, braun oder grau. Niemals blau ober in leuchtender Farbe. Oft waren die Fluten trübe, aufgewühlt oder voller Strudel. An manchen Stellen zeigte sich der Fluss aber auch ganz klar, sodass ich bis auf den Grund schauen konnte, wenn ich nahe genug an die Uferböschung herantrat.

*

Fast übergangslos tauchte ich in eine Welt ein, die sich seit den Zeiten der Pharaonen kaum verändert hatte. Eine Welt, wo Widder und Krokodile, Falken und Schlangen, Hunde und Paviane als Götter verehrt wurden und die Bäume nicht nur Nutznießer des Lichts und des Regens waren, sondern den Himmel über dem pharaonischen Reich wie mächtige Pfeiler stützten. – Mit solchen Worten hatten die alten Ägypter ihrem Volk den ewigen Kreislauf alles Lebendigen begreifbar gemacht.

Vorbei an den klassischen Silhouetten der Pyramiden, die sich hinter dem gleichmütig dahinströmenden Nil erhoben, passierte ich smaragdgrüne Uferstreifen und pastellfarbene Hügelketten. Hier erwischte mich der Chamsin, ein heißer und trockener Wüstenwind, der im Frühjahr zumeist im März, April und Mai auftritt. Die Geschwindigkeit dieses Sturms spielte zwar eher eine untergeordnete Rolle, doch zwei Tage musste ich weitgehend in meinem Zelt verbringen, weil die dichten Sand- und Staubschwaden die Sichtweite stark beeinflussten. Alles um mich herum war grau und leer. Auch Gustave Flaubert erlebte diesen Wüstenwind und schrieb: »Kamsin. Man schließt sich ein, der Sand knirscht unter den Zähnen, er macht die Gesichter unkenntlich; er dringt in unsere Blechdosen und verdirbt die Vorräte, kochen ist unmöglich. Der Himmel ist vollständig verdunkelt, die Sonne bildet nur noch einen Fleck am blassen Himmel. Der Sand hebt sich in großen Wirbeln und fährt peitschend in die Flanken unserer Dahabije [Segelschiff]; alle haben sich niedergelegt.«

Kaum hatte sich der Chamsin gelegt, begann es zu regnen. Ein Gewitter zog auf. Blitze zuckten durch die tiefhängenden Wolken und Donnerschläge erschütterten die Luft. In einem Holzschuppen, der inmitten eines Zuckerrohrfeldes stand, fand ich Unterschlupf für die Nacht, das Rauschen des Regens und den Zwiegesang des Flusses in den Ohren.

Am nächsten Morgen war der Himmel wieder klar und blau. Wie ein bunter Bilderbogen wirkten die Landstriche zu beiden Seiten des Nils, dem ich weiter stromaufwärts folgte. In den kleinen Dörfern, die so weit vom Fluss entfernt lagen, dass die Fluten bei Hochwasser sie nicht erreichen konnten, herrschte meist Lethargie. Doch die riesigen Felder, von Menschenhand geschaffen, erschienen mir fast paradiesisch. Felder mit Zuckerrohr, Baumwolle, Bohnen, Mais und Korn, die von zahllosen Wassergräben durchzogen waren. Ich passierte Dattelpalmhaine, Tamarisken,

Akazien sowie Johannisbrot-, Orangen- und Feigenbäume. An manchen Uferstreifen duftete es nach Jasmin und Oleander. Und auf dem Fluss trieben manchmal ganze Teppiche von Wasserhyazinthen mit ihren blauen Blüten. Nicht zu vergessen die Vögel: Ich sah schwarze Milane, Schwalben, Tauben, Gänse, Wiedehopfe, schwarzweiß gefiederte Graufischer, Schwärme von Wildenten und weiße Ibisse, die wie Blüten auf den Ästen der Bäume hockten, ehe sie unvermittelt aufflatterten.

Kilometer um Kilometer lief ich durch ein grünes Mosaik von Gärten, Äckern und Bewässerungskanälen. Die Tage flossen dahin, und auf meiner Landkarte reihte sich ein Ort an den anderen. El Hayy, El Saff, El Qubabat, Beni Suef. Je weiter ich mich vom hektischen Kairo entfernte, desto mehr veränderte sich nicht nur die Landschaft, sondern auch meine innere Textur. Ich bekam eine Witterung dafür, was das Leben nach einem Aufbruch in eine fremde Welt sein kann: Besinnung auf das Wesentliche. Mehr noch. Rückkehr zur Langsamkeit. Koordination von Körper und Seele. Die spürbare Faszination beim Zu-Fuß-Reisen war einer großen Lust an allem Fremden zuzuschreiben, denn das Unterwegssein an Afrikas großem Strom war unglaublich reich an Ausblicken und Eindrücken. Die Intensität des Erlebens war für mich ein Zugewinn an Lebensfreude. Und das begeisterte Gehen mit reduziertem Gepäck empfand ich als eine Art Lebenskunst. Man setzt ›seinen‹ Platz in der Welt ins Verhältnis zu den Dingen, die man sieht – und lernt somit sich selbst besser kennen. Und wo ich zu Fuß war, da bin ich auch wirklich gewesen.

*

Bereits nach einer Woche hatte ich im gleichmäßigen Rhythmus meiner Schritte jedes Zeitgefühl verloren. Es war, als lebte ich in einem längst vergangenen Jahrhundert: Da tränkten Hirten ihre Ziegen im Fluss, schritten hochwüchsige Frauen in schwarzer Tracht mit schwerem Tonkrug auf dem Kopf die steile Uferböschung hinauf, arbeiteten Männer in braunen Gallabijas (lange Leinenkleider) auf den Feldern, schleppten Büffel die schweren Pflüge aus Holz, zogen Esel vollbeladene Karren oder drehten Kamele hölzerne Wasserräder mit tönernen Schöpfkrügen.

Wie ein Magnet zog der Nil Mensch und Tier gleichsam an, war auch für mich jeden Tag allgegenwärtig: Schon am frühen Morgen, wenn ich aus dem Zelt schaute, blickte ich auf die Wasser des Stroms, die dann meist mit grell glitzernden Lichtreflexen gesprenkelt waren. Im gleißenden Mittagslicht zogen die trägen Fluten in grau-bleierner Farbe dahin. Und in bewölkter Nacht kleidete sich der Fluss in unergründliches Schwarz, während mir seine bewegte Oberfläche im Mondschein silbern flirrend erschien – wie die Blätter eines Olivenhains.

Wenn ich gelegentlich eines der Fellachen-Dörfer besuchte, die meist aus kubischen Lehmhütten bestehen, verbreitete sich die Kunde von meinem Besuch wie ein Lauffeuer. Umlagert von zehn, zwanzig oder dreißig Kindern, ging ich ganz offen auf die Männer und Frauen zu, die mich freundlich begrüßten und oft in ihr Haus einluden. Bei reichlich Tee und Speisen mit exotischen Aromen, die schärfer oder süßer waren als alles, was ich bislang gegessen hatte, nutzte ich meine rudimentären Arabischkenntnisse, um mit den Menschen ins Gespräch zu kommen. Geduldig lauschten sie meinem ungelenken Arabisch und erzählten dann von ihrem Alltag im Dorf, von ihren Freuden und Sorgen.

Nur einmal verweigerte mir ein halbes Dutzend Männer den Zutritt zu ihrem Dorf, das nur wenige Behausungen zählte. In der Luft hing ein grässlicher Gestank, abgemagerte Hunde liefen mir kläffend entgegen, und die Männer beschimpften mich. Ich zog sofort weiter, ohne zu wissen, warum man mir feindselig begegnete. Vielleicht war es einfach die Ablehnung gegenüber allem Fremden.

Am Abend des gleichen Tages, nach einer Strecke von zwanzig Kilometern, baute ich mein Zelt am Ufer des Nils auf, während die Sonne hinter den unverrückbaren Bergketten versank und der westliche Horizont in einem leuchtenden Rot erglühte, das in ein zartes Orangegelb überging, ehe alle Himmelsfarben erloschen. Unvergleichlich still war das Land, wenn sich die Dunkelheit ausgebreitet hatte und der Mond sein Licht über die Fluten des Nil goss. Nach dem Essen lag ich dann auf meinem ausgerollten Schlafsack, und vor dem klaren Sternenhimmel beobachtete ich Schwärme von Fledermäusen, die durch die Nacht schwirrten.

Morgens, wenn sich erste Helligkeit über dem Land ausbreitete, wurde ich meist von fernen Stimmen oder Geräuschen geweckt. Irgendwo brüllte ein Kamel, wurde eine Trommel geschlagen, oder ein Mann rezitierte lauthals einige Koransuren. Wenn ich dann vor das Zelt trat, empfing mich meist ein kalter, frischer Wind. Fröstelnd zog ich ein paar wärmende Sachen über und machte mir Frühstück: Fladenbrot mit Schmierkäse und Marmelade. Dazu eine Apfelsine und zwei Becher Wasser, kalt. Dann packte ich meine Sachen und machte mich wieder auf den Weg, noch ehe die Sonne über den Horizont geklettert war, deren Strahlen am Mittag so intensiv waren, dass ich liebend gerne ein erfrischendes Bad im Fluss genommen hätte. Zu groß war aber meine Furcht vor jenen Schnecken, die den

Überträgern der gefährlichen Tropenkrankheit Bilharziose als Brutstätte dienen. Diese Krankheit ist seit vielen Jahrzehnten eine Geißel des Nils. Zigtausende von Menschen leiden in Ägypten und im Sudan an Bilharziose.

*

Dann führte mich mein Weg nach Biba, Maghagha, Beni Mazar und Minya, die Hauptstadt Mittelägyptens, die den Beinamen »Braut des Nils« trägt, weil sich hier das nördliche Unterägypten und das südliche Oberägypten »vermählen«. Die sympathische Provinzhauptstadt, etwa 250 Kilometer von Kairo entfernt, präsentierte sich malerisch. Nichts fehlte in der Szenerie, was nicht schon vor hundert Jahren hier zu sehen war. An den Ufern standen ausgedehnte Palmenreihen, spitze weiße Feluken-Segel durchschnitten die Nil-Fluten, und jenseits des Flusses erstreckte sich ein Friedhof mit 4000 Jahre alten Gräbern.

Besonders in den neunziger Jahren des 20. Jahrhunderts hatte Minya auf sich aufmerksam gemacht, als es dort zu heftigen Kämpfen zwischen der Polizei und radikalen Muslimen gekommen war. So erklärte sich auch die unübersehbare Präsenz der Sicherheitskräfte, als ich durch die Stadt lief, in der dennoch eine lebensfrohe Stimmung herrschte. Eine Nacht blieb ich in einem Hotel an der schönen Nil-Corniche, hatte ein klimatisiertes Zimmer mit Dusche – und abends gab es warmes Essen: gegrilltes Lammfleisch mit Auberginen, Tomaten, Karotten, Zwiebeln und Reis.

Weiter ging es der Landstraße entlang. Gehen und gehen und gehen. Kilometer für Kilometer zogen die Wolken mit mir nach Süden. Trotz Sonnenbrille musste ich die Augen zusammenkneifen. Das Licht war unglaublich grell, dörrte den Boden jenseits des Nils aus und krümmte die Rücken der Bauern, die ich ab und zu traf. Wenn sie mich fragten, wohin ich unterwegs war, und ich ihnen eine Antwort gab, starrten sie mich an, als verstünden sie nicht, was ich gesagt hatte. Erst dann schüttelten sie irritiert und lachend den Kopf, riefen: »Allah sei mit dir!«

Bei der Stadt Assiut wechselte ich wieder die Flussseite und folgte der Ostuferstraße, die durch touristisch selten besuchtes Gebiet führt. Ich passierte El Badari, El Nawawra und Fawgilai. Das Gehen war mir mittlerweile in Fleisch und Blut übergegangen. Es war, als hätten meine Beine nie etwas anderes getan. Und jeden Tag spürte ich aufs Neue, dass das Zu-Fuß-Reisen genau das Richtige war, um dieses Land wirklich zu begreifen. Mein ruhiger Schrittrhythmus entsprach genau dem ägyptischen Lebensgefühl, das von Gemächlichkeit und Muße geprägt ist.

*

Nicht jeden Tempel der altägyptischen Mythologie, den ich auf meiner Wanderung sah und besichtigte, will ich benennen und beschreiben. Mehr als ein Dutzend Anlagen waren es wohl. Faszinierende Heiligtümer mit rätselhaften Insignien, die zur Verehrung unterschiedlichster Gottheiten erbaut worden waren. Doch die archäologische Stätte Abydos darf ich nicht übergehen. Schon zu Beginn der Geschichte Ägyptens, von der 1. bis zu 31. Dynastie (also ca. 4000 Jahre lang), hatte die Stadt Abydos große politische und kultische Bedeutung. Es war das größte Heiligtum des Osiris, der den alten Ägyptern als Gott der Toten und der Wiedergeburt galt, sodass Abydos zu den heiligsten Stätten des Landes zählte.

Zum Tempel von Abydos pilgerten die Ägypter einst wie die Muslime noch heute nach Mekka. Denn am Ort des Osiris begraben zu sein, ein Scheingrab zu haben oder eine Votivtafel aus Ton im Tempel anzubringen, um dort symbolisch die letzte Ruhe zu finden, war einst das Ziel jedes Ägypters.

Meine Sightseeing-Tour durch die Tempelstadt war ein Gang durch Zeit und Raum. Ich sah stabile Kapitelle, Höfe, Säulensäle (52 × 11 Meter), Pfeilerreihen, Sockelbilder und ummauerte Brunnen. Nicht zu vergessen die zahllosen Inschriften, Gemälde und Flachreliefs, auf denen religiöse Riten, Kulttexte aus der Unterwelts-Mythologie und die Verdienste der Pharaonen beschrieben waren. Endlose Bilderfolgen und Chroniken eines Jenseitskosmos, die von namenlosen Künstlern des Altertums geschaffen wurden. Hier, in Abydos, hatte sich ein Kult entwickelt, der das Kostbarste der Menschen erhalten sollte: das Leben. Auch nach dem Tod.

*

Südlich von El Balyana traf ich Jussef und seinen Gehilfen Hassan, die ihre Feluke am Westufer des Nils festgemacht hatten. Schon seit Tagen hatte ich verfolgt, dass die Schiffer, wenn der Wind abflaute, ihre Boote ans Ufer steuerten. Geduldig warteten sie dann auf den Wind, kochten Tee, saugten an der Wasserpfeife und schwatzten miteinander.

So machten es auch die beiden drahtigen Bootsleute Jussef und Hassan, die mit ihrer Feluke verschiedene Waren stromauf und stromab transportierten. Hin und wieder nahmen sie auch Passagiere mit.

Nach über 500 Kilometern zu Fuß kam ich zu dem Entschluss, dass ich den Nil auch mal vom Wasser aus erleben sollte. Eine neun Meter lange Feluke mit hochragendem Dreiecksegel wäre genau das richtige Gefährt dafür. So fragte ich Jussef und Hassan, die mir sympathisch waren, ob sie mich ein Stück stromaufwärts mitnehmen würden. Sie stimmten sofort zu. Rasch war der Preis für meine Mitfahrt bis Qina ausgehandelt, und ich konnte an Bord der Feluke gehen, bekam einen Platz zugewiesen und richtete mich auf einer Decke neben meinem Rucksack ein.

Früh am nächsten Morgen, als der Wind auffrischte, wurde das Boot zur Abfahrt klar gemacht. Kaum waren die Leinen los und das geschwungene Spitzsegel gesetzt, nahm die Feluke Fahrt auf, glitt fast lautlos stromaufwärts. Und während Jussef, mit wildgeschwungenem Turban und orientalischem Gewand, an der Ruderpinne hockte, um die Feluke möglichst in Ufernähe zu halten, dort, wo die Gegenströmung nicht so stark war, kümmerte sich Hassan mit geschickten Bewegungen um das Segel und die zu verknüpfenden Seile.

Es folgten Tage mit überwältigenden Eindrücken. Die Feluke lag gut im Wind, glitt mit geblähtem Segel dahin, und das Wasser des Nils rauschte an den Bootswänden vorbei. Ich saß auf dem hölzernen Deck und las in Flauberts Reisetagebuch oder schaute über den Fluss, ließ die Augen sich satttrinken an den biblisch anmutenden Bildern, die sich mir boten: Fischer, die im Ruderboot ihre Netze auswarfen; lachende Kinder, die sich am Ufer zum Baden entkleideten; nostalgische Fähren, die den Fluss durchquerten; hochbeladene Frachtfeluken, die mit Eseln und Ziegen vorbeizogen – und irgendwo im Uferschilf schnatterten Enten. Wie ein Film rollte die Landschaft zu beiden Uferseiten ab. Zauberhafte Landschaften, so still und grün und braungelb, als wäre dieses Land ein Paradies – und nicht ein Land, geplagt von Problemen und Schrecken, in dem der islamische Fundamentalismus uralte Traditionen und Toleranz bedroht.

Ägyptens Konflikten konnte ich mich nicht entziehen. Unmöglich, die gravierenden Probleme im Land zu vergessen: Terroranschläge, Massenproteste, Bevölkerungsexplosion, Jugendarbeitslosigkeit, der Niedergang der Wirtschaft, der Verfall der Währung, die regelmäßigen Stromausfälle, die Wohnungsknappheit. Die Wirklichkeit war immer stärker als jeder Traum.

*

Noch vor Sonnenuntergang legte die Feluke am Ufer an. Dann gingen Jussef und Hassan an Land, rollten ihre kleinen Gebetsteppiche aus, wandten sich in Richtung Mekka, knieten nieder und begannen mit ihrem Abendgebet. Stetig verneigten sie sich, berührten mit der Stirn den Boden, richteten sich wieder auf, murmelten Koransuren und riefen Allah an.

Später setzte sich Hassan vor den kleinen Gasbrenner und kochte über der flackernden Flamme. Jeden Tag gab es dasselbe. Kartoffel-Lammeintopf mit Zwiebeln und Tomaten. Doch die Gewürze waren jeden Tag anders – mal Salz, Pfeffer und Safran, mal Koriander und Kreuzkümmel. Im Schein einer Petroleumlampe aßen wir aus einer großen Blechschüssel, die, nach ägyptischer Art, zwischen uns stand. Jeder hatte in der rechten Hand kleine Stückchen Fladenbrot, die wir in den Eintopf tunkten.

Nach dem Essen machte ich es mir auf der Uferböschung bequem. Im Licht der Taschenlampe schrieb ich Tagebuch.

Die Luft war erfüllt vom Glucksen des Flusses und dem Zirpen der Grillen. An einem Abend setzte sich Jussef zu mir, rauchte schweigend einige Zigaretten und schaute mir aufmerksam zu. Nach einer Weile erzählte er mir, dass die Schreiber schon im Reich der Pharaonen als hochgeachtete Persönlichkeiten galten, weil sie die »Zauberkraft der Hieroglyphen und die Magie der Worte« beherrschten. Als ich von meinen Notizen ungläubig aufblickte, erklärte mir Jussef, dass er weder schreiben noch lesen konnte.

*

Nach hundert Kilometern Flussfahrt näherte sich die Feluke Qina. Eine 200 000-Einwohner-Stadt am Ostufer des Nils mit großer Brücke, Bahnhof und Geschäftszentrum. Früher galt Qina als wichtiger Ausgangspunkt für die Karawanen ans Rote Meer. Auch Mekka-Pilger versorgten sich hier für die Durchquerung der Arabischen Wüste.

An einem einsamen Uferstreifen vor der Stadt ließen mich Jussef und Hassan, nach vier gemeinsamen Tagen auf dem Nil, von Bord. Sie wollten nicht vor den Augen aller an einem der Anlegestege festmachen, wollten mit mir kein Aufsehen erregen, denn sie fürchteten nervende Fragen der örtlichen Polizei.

In Qina nahm ich mir für zwei Tage ein Hotel, wusch meine Kleidung, die ich zum Trocknen auf die Dachterrasse hängte, und kaufte einige Lebensmittel sowie Trinkwasser, ehe ich meinen Rucksack für die letzte Wegetappe schulterte. Bis Luxor waren es nur noch sechzig Kilometer. Keine große Strecke, doch das Wetter verschlechterte sich. Dunkle Wolkenbänke hingen über dem Land. Die Fluten des Nils wurden zu einem verschwommenen, tintenschwarzen Band. Und auch die Götter des Windes waren mir nicht mehr wohlgesonnen. Heftige Böen erschwerten das Gehen auf einer teergedeckten Straße mit tiefen Schlaglöchern. Grauschleier hingen in der Luft. Palmenhaine und Schilfgürtel bogen sich im Wind.

Dann absolute Stille und milchiges Licht. Feiner Dunst waberte über dem spiegelglatten Fluss. Die Schwüle war schweißtreibend, erschwerte das Atmen. Gesicht, Bart und Kleidung waren mit staubfeinem Sand überzogen, als ich nach Luxor kam. Einst die mächtigste Stadt in ganz Unter- und Oberägypten. Jahrhundertelang residierten hier die ägyptischen Gottkönige.

Der Ruf des Muezzins, »Allahu Akbar – Allah ist der Größte!«, schallte vom Minarett über die Stadt, während ich durch die Straßen lief und nach einem Hotel Ausschau hielt. Luxor war eine ebenso faszinierende wie lebendige Stadt. Vorbei an modernen Wohnhäusern, die sich mit einfachen Behausungen abwechselten, sah ich Händler, die Gemüse, Gewürze und Haushaltsgeräte feilboten, sah Lädchen mit Teppichen und absonderlichem Kunsthandwerk, sah Busse, Autoschlangen, schreiende Esel, streunende Hunde, tobende Kinder und immer wieder Trauben von Touristen, die seit über hundert Jahren aus aller Welt in die Kultur-Metropole am Nil reisten.

Eine Woche blieb ich in Luxor und erkundete die Stadt, die Homer vor mehr als 2500 Jahren in seinem Epos *Ilias* als »hunderttoriges Theben« beschrieb. Und als Gustave Flaubert im April 1850 Luxor mit dem Schiff erreichte, schrieb er in sein Reisetagebuch: »Das Dorf besteht aus zwei Teilen, die durch die beiden Pylonen geschieden sind: der moderne Teil, links, enthält nichts Altes, während rechts die Häuser auf, in und zwischen den Ruinen stehen. Die Häuser sitzen zwischen den Kapitälen der Säulen; Hühner und Tauben kauern und nisten in den dicken Lotosblättern; Mauern aus ungebrannten Ziegeln oder aus Lehm trennen ein Haus vom anderen; Hunde laufen bellend über die Mauern. So pulsiert ein kleines Leben in den Ruinen eines großen.«

Mittlerweile hat Luxor mehr als 450 000 Einwohner. Es gibt selbstverständlich jede Menge Cafés, Restaurants, Komfort-Hotels, Andenkenläden und Kutschen-Kavalkaden. Vor allem aber dreht sich in Luxor alles um die Tempelbezirke. Zwei der größten Anlagen der Welt liegen nur einige Kilometer voneinander entfernt: der Tempel von Karnak und der Luxor-Tempel, der sich mitten in der Stadt befindet, nicht weit vom Nil, zwischen der langgestreckten Fluss-Corniche, einer Art Promenade mit herrlicher Baumallee, und den staubigen Seitengassen, wo die Handwerker täglich ihrem Gewerbe nachgehen. Beide Anlagen entstanden zu Ehren des Reichs- und Schöpfergottes Amun und wurden von der 11. Dynastie (ab ca. 2130 v. Chr.) bis zur römischen Zeit immer wieder erweitert.

Im Luxor-Tempel sah ich eigentlich nur Ruinen – aber was für welche! Gigantische Ruinen, die die einstige Macht der Pharaonen erahnen lassen. Ich spazierte durch überdimensionierte Hallen, vorbei an überlebensgroßen Statuen verschiedener Gottkönige, die an dieser Tempelstadt mitgebaut hatten, blickte in jahrtausendealte Riesengesichter aus Stein, die noch immer mit nachsichtiger Milde zu lächeln schienen, bestaunte Obelisken, Pylone, wuchtige Pharaonen-Metamorphosen und Säulengänge mit pilzförmigen Kapitellen, die über und über mit Reliefs versehen waren, die allein schon stundenlanges Betrachten wert waren. Und immer wieder Amun, Thebens Stadtgott, der überall gegenwärtig war.

Schließlich bewunderte ich die Überreste einer Allee mit Widderstatuen, die einst aus Hunderten von gemeißelten Tierleibern bestand. Über vier Kilometer führte diese einzigartige Prozessionsstraße zum Karnak-Tempel, den ich, nördlich von Luxor, anderntags besuchte. Eine verwirrende Tempelstadt, die sich über etwa 30 Hektar erstreckt – mit zwanzig Tempeln und Schreinen, zwanzig Pylonen, Dutzenden Höfen und Hallen, mit unzähligen Ein- und Vorbauten. Rund 1700 Jahre lang wurde an dieser Tempelanlage gebaut. Ein Heiligtum, das über Jahrhunderte als zentrale Stätte der alten Ägypter galt.

Auch Gustave Flaubert war von der monumentalen Vergangenheit beeindruckt: »Der erste Eindruck von Karnak ist der eines Palastes für Riesen, die steinernen Gitter, die sich noch an den Fenstern finden, sind gewaltigen Daseinsformen angepasst; wenn man durch diesen Wald von hohen Säulen geht, fragt man sich, ob da nicht ganze Menschen aufgetragen wurden, die wie Lerchen nebeneinander am Spieße steckten. Im ersten Hof, hinter den beiden großen Pylonen, auf dem Wege vom Nil her liegt eine Säule am Boden; trotz des Sturzes liegen ihre sämtlichen Steine in Ordnung auf dem Boden, wie die Steine einer Säule aus einem Damespiel.«

Von einem Guide, der mich durch die antike Kultstätte führte, erfuhr ich Pharaonen- und Götternamen, Zahlen von Dynastien und die Bedeutung altägyptischer Bilderszenen. In einem Säulen-Labyrinth erklärte er mir einige Hieroglyphen. Ich hörte von uralten Mysterien, von Erdbeben und Stammeskriegen – und staunte immer wieder über die Bauweise der alten Ägypter, die bei der Errichtung ihrer gigantischen Tempel keinen Mörtel verwendet, sondern statisch perfekt Stein auf Stein gefügt hatten.

MEINE NIL-WANDERUNG FÜHRTE MICH NACH LUXOR, WO ICH
DIE ÜBERRESTE EINER SPHINXALLEE BEWUNDERTE, DIE EINST
AUS HUNDERTEN VON GEMEISSELTEN STEINSKULPTUREN
BESTAND.

Irgendwann schwirrte mir der Kopf von all den Zahlen und Namen, von Hieroglyphen und Monumentalfiguren, sodass ich den Karnak-Tempel verließ und zum Nil spazierte. Dort machte ich das, was ich am besten kann, wenn mich von außen zu viel bedrängt: Einfach gehen – und mich frei fühlen.

7

GEHEN, UM ZU DENKEN

Wenn die Natur zur Denklandschaft wird

Wenn wir einen Gehenden genau beobachten,
wissen wir auch, wie er denkt.
Wenn wir einen Denkenden genau beobachten,
wissen wir auch, wie er geht.

THOMAS BERNHARD

Gehen und denken haben auf den ersten Blick vielleicht nicht zwangsläufig viel miteinander zu tun, auf den zweiten Blick jedoch schon. Denn das Gleichmaß der eigenen Schritte ist der Nährboden für einen beflügelten Geist. Vor allem beim längeren Unterwegssein, wenn ich Stunde um Stunde, Tag für Tag durch die Natur laufe, verlagert sich irgendwann meine Konzentration von der Außenwelt auf das Innere. Dann gilt es beim aufmerksamen Gehen und Schauen, das Kunststück zu vollbringen, die drängenden Alltagsgedanken von der Kette zu lassen. Schweigen und Konzentration sind dabei wichtige Ingredienzen, um zu Ruhe und Wachsamkeit zu kommen. Dann kann der Kopf leichter aus den Grenzen der eigenen Identität ausbrechen, und die oft belastende »Verkopfung« verschwindet. Das ist ein Ausbruch nicht nur aus dem Raum, in den ich hineingeboren bin, sondern auch aus der Zeit.

Einfach nur gehen und gehen und gehen. Durch die konstante Schrittfolge entkrampfen und entspannen sich meine Muskeln – und von Kilometer zu Kilometer verändert sich nicht nur die Landschaft, sondern auch die Welt in meinem Kopf. Völlig neue Gedanken fliegen mir auf einmal zu und begleiten mich. Sie schweifen wie meine Blicke – mal hierhin, mal dorthin.

Diesen Zustand, der sich im Inneren eines Menschen einstellt, erlebt natürlich jeder anders. Und wer dafür eine unmissverständliche Definition sucht, wird unweigerlich scheitern. Denn mit unserer Rationalität, die alles begreifen und auf einen Begriff bringen will, sind solche Veränderungsprozesse nicht zu erklären. Tatsache aber ist: Beim Unterwegssein wandere ich nicht nur inmitten von Wäldern, entlang eines Flusses oder zwischen Sanddünen, ich unternehme zugleich »Gedankengänge«, die mit einer wohltuenden Wirkung verbunden sind.

Beim gleichförmigen Rhythmus von Schritt und Atem läuft die Landschaft mit, verändert sich, und gleichzeitig verändert sich mein Denken. Die Dinge im Kopf bewegen sich, und der Gedankenhorizont erweitert sich, während meine Augen beim achtsamen Schauen die Vielfältigkeit der Naturerscheinungen bestaunen. So wird mein Gehen in der Natur zu einem Abstandnehmen von den tausend Wichtigkeiten des Alltags. Die Konzentration auf den Gehrhythmus, den Weg und die Umgebung offenbart von Kilometer zu Kilometer seinen entspannenden Charakter, wird zu einer Art Zen. Ein Zustand meditativer Versenkung. Im Einklang mit dem Hier und Jetzt erfahre ich eine herrliche Leichtigkeit und verlasse die Konventionen der Gesellschaft, sinke mehr und mehr in die Arme der Natur und in das eigene Herz- und Bauchgefühl, während meine Gedanken auffallend positiver, inspirierender werden und ein freies Verhältnis zu mir selbst schaffen. Das klingt vielleicht etwas abstrakt, doch so empfinde ich. Denn Fakt ist: Das unbeschwerte Dahinschreiten führt zu unbeschwerten Gedanken, die mal hierhin, mal dorthin schweifen. Es ist ein sorgenfreies Umherwandern ohne Warum, während die Natur zu einem Resonanzraum wird, in dem ich mein Gehen als sinnvoll empfinde, das schließlich zum eigentlichen ungetrübten Sinn wird. So erlebe ich das Glück der Gegenwart und eine neue Bewusstheit über meinen Körper.

Hierfür gibt es allerdings keine Erfolgsgarantie und kein eindeutig benennbares Übungsresultat. Jeder muss seinen eigenen Weg, seinen eigenen Gehrhythmus sowie einen eigenen Zugang zu sich selbst finden. Wem das gelingt, der bringt Körper, Geist und Seele in Einklang und wird spüren, dass das Gehen in der Natur die Klarheit des Geistes mit der Tiefe des Erlebens verknüpft.

Oft habe ich erfahren, dass sich beim stetigen Gehen mein Gedankenhorizont verändert. Dem Druck der alltäglichen Außenwelt setze ich dann die Freiheit der Innenwelt entgegen. Mein Organismus schaltet in einen spontanen Entspannungszustand um. Und mit einem Mal muss ich nichts mehr zwangsläufig zu Ende denken.

Viele philosophische Größen wie Friedrich Nietzsche, Immanuel Kant und Jean-Jacques Rousseau oder literarische Persönlichkeiten wie Arthur Rimbaud, Johann Gottfried Seume und Henry David Thoreau waren Gedankengänger, die auf ihren Spaziergängen und Wanderungen verschiedenste Denkanstöße, Ideen und Inspirationen im Kopf bewegten. Beim stetigen Streckemachen gerieten sie immer wieder ins ermunternde Denken und kamen zu der Erkenntnis, dass Gehen und

DIE EINSAMEN SANDMEERE DER WÜSTE SIND FÜR MICH
MEDITATIVE DENKLANDSCHAFTEN.

Denken einander bedingen. Denn: Wer um des Gehens willen geht, verrichtet keine Tätigkeit nebenher. Somit bedeutet jede Wanderung oder jeder Spaziergang, der keinem bestimmten Ziel folgt, für einen gewissen Zeitraum absolute Freiheit.

Mir hat das Gehen und Wandern zudem eine Liste der Gegensatzpaare sichtbar gemacht: Bewegung statt Sitzen, Stille statt Hektik, Loslassen statt Festbeißen, Konzentration statt Hyperaktivität. Beim »denkenden Gehen« kann ich zuweilen sogar die Wehwehchen meines Körpers vergessen. Auch die Monotonie einer Wüstenlandschaft oder die finsteren Wolkenbänke im Gebirge, die gelegentlich wie eine Trauerweide auf mein Gemüt drücken, kann ich weitgehend ausblenden, weil das stetige Voranschreiten irgendwann zu einer Art Meditation wird. Dann wiederhole ich beim Gehen ein Wort, einen Gedanken, ohne meinen Laufrhythmus zu unterbrechen. Die Gleichförmigkeit der eigenen Schritte ist dabei wichtig. Und wenn sich ein anderer Gedanke einschleicht, kehre ich zur Wiederholung meines Meditationswortes zurück.

Zudem habe ich durch die Langsamkeit des Gehens erfahren, dass sich meine Haltung – dem Leben gegenüber – ändert. Sie neigt sich vor allem dann ins Positive, wenn ich mich von der Natur angenommen fühle, wenn ich mich beim stetigen Gehen wohlfühle, mich inspirierende Gedanken vorantreiben – und ich auf meinem Weg gelegentlich Menschen treffe, die nach meinem Unterwegssein fragen, mir zuhören und reagieren, und auch ich interessiert bin, Fragen stelle und mich meinem Gesprächspartner öffne. Diese Einstellung bezeichnen Wissenschaftler als »Selbstwirksamkeit«. Selbstwirksam kann jeder sein, unabhängig von Alter und körperlicher Verfassung – nur braucht man

hin und wieder ein Gegenüber, mit dem man sich aus-
tauschen kann. Das macht uns stark – im Alltag und beim
Gehen in der Natur.

8

ZU FUSS DURCH DEUTSCHLAND

1400 Kilometer entlang der
innerdeutschen Grenze

Alles würde besser gehen, wenn man mehr ginge …
JOHANN GOTTFRIED SEUME

In der Luft war ein unglaubliches Geflatter und Geschwirr.
Das Kreischen aus vielen Möwenhälsen übertönte das sanf-
te Rauschen der Wellen, die in gleichbleibender Monotonie
auf dem Strand ausliefen. Ich bewunderte die schwerelosen
Flugkünste der weißen Vögel und schaute auf die Weite der
Ostsee hinaus, die mit einer Energie aufgeladen war, die
wiederum mich auflud. Schäumende Gischt und feuchte
Sandkörner umspülten meine Stiefel, während ich den
Rucksack auf meinen Schultern zurechtrückte und mich
auf den Weg machte. Lockerer Sand rutschte unter den
Stiefeln, und wie ein Strandläufer setzte sich der Seewind
auf meine Fersen.

Vor zwei Tagen hatte ich das hektische Stadtleben Ham-
burgs verlassen und war mit dem Zug nach Travemünde
gefahren, wo Segeljachten an den Anlegern schaukelten
und es nach Fisch und Dieselöl roch. Vom alten Leuchtturm aus rotem Backstein in klassizistischem Stil blickte ich

aus rund 30 Metern Höhe über das Ostseestädtchen. Kirche, Markt, Baumalleen und Giebelhäuser mit mittelalterlichem Fachwerk säumten die Kailinie. Am gegenüberliegenden Ufer der Trave lag die *Passat*, ein Veteran aus der Zeit der Segelschifffahrt. Das Wahrzeichen von Travemünde.

Eine Fähre brachte mich über die Trave zur sturmgeprüften Halbinsel Priwall, die aus der Vogelperspektive einer Büffelzunge gleicht, die Ostseewasser leckt. Jahrzehntelang war dieser norddeutsche Küstenstreifen menschenleer. Denn an der Pötenitzer Wiek, die einst geteiltes Wasser war, verlief die deutsch-deutsche Grenze. Hier begann meine Wanderung.

Fünfundzwanzig Jahre nach dem Mauerfall hatte ich mir – mit meinem Freund, dem Schriftsteller Matthias Politycki – vorgenommen, der ehemaligen innerdeutschen Grenze zu folgen, die mit Minen, Zäunen und Mauern fast vierzig Jahre lang ein Land in Ost und West teilte. Mehr als tausend Menschen verloren ihr Leben bei dem Versuch, die Grenze zwischen der Deutschen Demokratischen Republik und der Bundesrepublik Deutschland zu überwinden, ehe der Niedergang der DDR die Menschen im Herbst 1989 in die Kirchen und auf die Straßen trieb. Hunderttausende nahmen damals an den Demonstrationen in Plauen, Leipzig und Dresden teil – und schließlich Anfang November an der Kundgebung auf dem Berliner Alexanderplatz. Ganz gewaltlos hatten Menschen mit den Worten »Wir sind das Volk« gegen Unfreiheit und Diktatur protestiert, bis das Wunder der friedlichen Revolution zum Fall der Mauer führte. Es war das Ende eines Systems, das im Inneren an seinen eigenen Widersprüchen zerfiel.

Damals, zum Ende der achtziger Jahre des 20. Jahrhunderts, hatten sich entlang der deutsch-deutschen Grenze viele Landstriche, die jahrzehntelang nur geringem menschlichen Einfluss ausgesetzt waren, zu einem Rückzugsgebiet für vom Aussterben bedrohte Tier- und Pflanzenarten entwickelt. Die Natur hatte sich ihr Terrain zurückerobert. Und als Anfang der neunziger Jahre etliche Naturlandschaften an der ehemaligen Demarkationslinie dem Straßenbau und der Industrie zum Opfer zu fallen drohten, engagierte sich der BUND, um diese Lebensräume zu erhalten. Es entstand das »Grüne Band Deutschland«. Ein Naturschutzprojekt mehrerer deutscher Bundesländer, die in vielen Regionen einen einzigartigen Grüngürtel schufen. Mehr als 5200 verschiedene Tier- und Pflanzenarten wurden bislang am Grünen Band kartiert. Eine Schatzkammer der Artenvielfalt.

Auf unserer Wanderung entlang der ehemaligen deutschdeutschen Grenze wollten wir die Natur inspizieren, wollten gewissermaßen nachsehen, ob an dem rund 1400 Kilometer langen Absperrgürtel tatsächlich blühende Landschaften zu entdecken waren. Zudem war für uns nach zahlreichen Fernreisen die Zeit reif, um das eigene Land mal intensiver kennenzulernen. Und wie kann man dessen Geschichte und Geschichten, Stimmungen und Landschaften besser erfahren, als wenn man mitten durch wandert.

Von Anfang an, als die Idee einer Deutschlandwanderung in unseren Köpfen Gestalt annahm, war uns klar, dass Matthias als Münchner den Südteil unserer Wanderung übernehmen würde. Vom Dreiländereck an der ehemaligen tschechisch-deutsch-deutschen Grenze, wenige Kilometer von Hof entfernt, würde sein Weg erst nach Westen und dann in Richtung Norden führen. Im Grunde eine Wanderung durch deutsche Mittelgebirge.

Ich hingegen wollte mich als gebürtiger Hamburger an der Ostsee, unweit von Travemünde, auf den Weg machen und nach Süden wandern. Eine Strecke, die vor allem durch Feld, Wald und Wiese führen würde – und entlang der Elbe, die auf etwa neunzig Kilometern die innerdeutsche Grenze bildete. Im Harz wollten Matthias Politycki und ich uns schließlich treffen, um gemeinsam den 1142 Meter hohen Brocken zu besteigen. Der höchste Berg Norddeutschlands. Schon Goethe und Heinrich Heine standen auf dem Gipfel des Brocken, der von 1945 bis April 1947 von US-amerikanischen Truppen besetzt war und der im Rahmen eines Gebietsaustauschs anschließend an die Sowjets übergeben wurde.

Das war der Plan.

*

Ich bin ein Nachkriegskind des Jahrgangs 1954 und kann mich noch genau an die rigorose Abriegelung der DDR erinnern. Es war im August 1961, als ich mit meinen Eltern vor dem Fernseher saß. Gebannt schauten wir auf die flackernden Schwarzweißbilder. Die Ost-West-Konfrontation kochte hoch, gipfelte in dem Bau der Mauer. Mitten in Berlin rollten Panzer. Im verwaschenen Granulat des Bildschirms sahen wir bewaffnete Grenzpolizisten, die im Auftrag der DDR-Regierung das Straßenpflaster aufrissen. Entlang der sowjetischen Sektorengrenze wurden Barrikaden, Stacheldraht- und Bretterzäune errichtet. Soldaten schickten sich an, eine Mauer aus Hohlblocksteinen zu bauen, die zum Symbol des Kalten Krieges wurde. Es entstand ein innerdeutscher Absperrgürtel, den die SED-Regierung als »Antifaschistischen Schutzwall« und »Friedensgrenze« verherrlichte. Über vier Jahrzehnte pflegte die Deutsche Demokratische Republik die Fiktion von der Ein-

UNTERWEGS IM HARZ: MIT DEM SCHRIFTSTELLER MATTHIAS POLITYCKI WANDERTE ICH ENTLANG DER EHEMALIGEN INNERDEUTSCHEN GRENZE.

heit aller Werktätigen, symbolisierte sie mit dem Emblem von Hammer, Zirkel und Ährenkranz. Mehr noch: Ein halbes Menschenleben lang wurden die Deutschen in Ost und West durch eine fünfzig bis zweihundert Meter breite Demarkationslinie voneinander getrennt, die umgepflügt und mit Pestiziden völlig pflanzenfrei gehalten wurde. Daran schloss sich ein weiterer streng bewachter Kontrollstreifen von etwa fünfhundert Metern an, mit steppenähnlicher Vegetation (um freies Schussfeld zu haben). Es folgte eine Fünf-Kilometer-Sperrzone, in der menschliche Aktivitäten – insbesondere Verkehr und Industrie – stark eingeschränkt waren.

Die erzwungene Teilung Deutschlands führte zu Beginn der sechziger Jahre – im Osten wie im Westen – zu Verständnislosigkeit und Verzweiflung. Viele Menschen waren wie betäubt, konnten nicht glauben, was geschah. Auch mein Stiefvater, der nur wenige Jahre zuvor aus dem sowjetischen Sektor geflohen war, weinte, als er die Fernsehbilder sah. Endgültig war nun der Zugang zu seiner Familie im Osten versperrt. Erst Jahre später, als seine Mutter das Rentenalter erreicht hatte, durfte sie auf legalem Weg in die BRD einreisen, um ihren Sohn wiederzusehen. Eine familiäre Tragödie, die damals viele Deutsche ganz ähnlich erlebten.

Zudem gab es eine große Anzahl von Menschen im Osten, die die SED-Diktatur nicht länger ertragen wollten. Unter Lebensgefahr versuchten sie, den Todesstreifen der deutsch-deutschen Grenze zu überwinden. Manche wurden beim Fluchtversuch erschossen, andere wurden von DDR-Grenzsoldaten festgenommen und zu langen Haftstrafen verurteilt.

*

Als ich mich an der Ostsee auf meine Deutschlandwanderung begab, begleitete mich bedrückende Nachdenklichkeit. Es war mir unmöglich, der ehemaligen innerdeutschen Grenze zu folgen, ohne an all die tragischen Geschehnisse zu denken, die der Bau der Mauer provoziert hatte. Natürlich ist es verlockend, sich beim Erinnern nur auf das Schöne zu beschränken – auf die friedvolle Revolution, die keine Menschenleben kostete, auf die grenzenlose Freude in Ost und West, als die Mauer im November 1989 fiel und siebzehn Millionen Deutsche ihr Recht auf Selbstbestimmung zurückbekamen. Weitaus schwieriger ist es dagegen, sich den dunklen Seiten der Vergangenheit zuzuwenden. Beides, das Gute und das Leid, gehören zum Erinnern – man sollte die Augen nicht vor dem verschließen, was uns auf beiden Seiten Deutschlands über vierzig Jahre zusetzte und schmerzte. Aus diesem Blickwinkel betrachtet, war unsere Wanderung durch Deutschland auch eine Reise gegen das Vergessen. Denn Erinnerung ist Zukunft.

Über Priwalldünen und durch Sanddornwäldchen wanderte ich vorbei an Ferienhäuschen, Gartenkolonien und Campingplätzen von gepflegter Einförmigkeit. Ich lief durch einen Flickenteppich in mecklenburgischen Farben: Graubraune Kartoffeläcker in gezähmtem Schwung, die sich zu beiden Seiten der Landstraße endlos erstreckten, wechselten mit Wald- und Wiesengrün, wo Klatschmohn und Kornblumen blühten. Hier, im Norden Deutschlands, waren Apfelschimmelwolken meine Gefährten. Der Wind trieb sie über den blauen Himmel. Unablässig führte er mit ihnen ein Licht- und Schattenspiel, legte bewegliche Muster und Scherenschnitte über die knallgelben Rapsfelder, die sich links und rechts meines Weges erstreckten.

Doch das waren nicht einfach nur Rapsfelder. Das waren regelrechte Ozeane. Gelb, gelb, gelb – so weit das Auge reichte.

Wenn sich die Morgendämmerung am Himmel abzeichnete und die ersten Sonnenstrahlen den Tau im Gras aufblitzen ließen, war ich meist schon unterwegs. Die Daumen unter die Schulterriemen des Rucksacks gehakt, machte ich Strecke. Ich ging zwanzig bis dreißig Kilometer am Tag. Meine Karte im Maßstab 1:50 000 wies diesen Landstrich als dünn besiedelt aus. Die weiten Flächen ließen meinen Blick zur Ruhe kommen – und es dauerte eine Weile, bis meine Wahrnehmung sich an die Geschwindigkeit meiner Beine angepasst hatte, bis meine Sinne und Gedanken dort waren, wo mein Körper war. Mein Rucksack wog nur zwölf Kilo. Sich beim Gewicht des Gepäcks auf das Nötigste zu beschränken, ist eine große Erleichterung des Gehens. Der Mut zum Weniger steigert die Intensität des Erlebens.

Immer der Landstraße nach passierte ich die verwaschenen Blautöne des Dassower Sees, mit Schilfbüschen wie Inseln am Wasserrand. Darüber nichts als hellblauer Frühsommerhimmel und ein paar Seeschwalben. Kilometer für Kilometer folgte ich kreuz und quer dem ehemaligen deutsch-deutschen Grenzverlauf, kam nach Zarnewenz, Selmsdorf, Schlutup, Lübeck, Herrnburg und Groß Grönau. Viel schöne Gegend ringsum. Doch nichts wies auf die einstige Spaltung Deutschlands hin. Wegweiser und Markierungen gab es nicht. Erst in Schlagsdorf, östlich des Mechower Sees, die erste Irritation. Auf einem Freigelände traf ich auf DDR-Grenzanlagen, die man hier rekonstruiert hatte: Wachturm, Mauerwerk, Bretterwände, Stacheldraht- und Streckmetallzäune, die von der SED-Regierung einst errichtet worden waren, um Fluchtversuche der eigenen Bevölkerung zu vereiteln.

Mit unsicheren Schritten lief ich durch diesen Mahnmal-Bezirk. Wenn ich gelegentlich Zeitzeugen traf und nach Mauerbau und Mauerfall fragte, löste ich die unterschiedlichsten Reaktionen aus. Manch einer tippte sich mit dem Zeigefinger an die Stirn: »Bist du blöd? Das ist so lange her. Davon wollen wir nichts mehr wissen.« Andere hätten die Uhren gerne zurückgedreht. Vor dem Hintergrund freudiger privater Erinnerungen sprachen sie von einem menschlichen und friedvollen Land, das es so nie gegeben hatte. Die alltäglichen Bevormundungen, Bespitzelungen und Gängelungen des Systems ließen sie dabei völlig außer Acht. Eine verharmlosende Beschönigung der Diktatur, die nicht selten mit fehlendem Respekt vor demokratischen Prozessen einherging.

Auch das war Deutschland – 25 Jahre nach dem Mauerfall. Wieder andere erzählten ganz offen ihre Geschichte. Was viele verband, war das sprachlose Glück, als die Mauer fiel.

»Die Öffnung der Grenze kam ganz plötzlich«, erinnerte sich Klaus Nieß (73) aus Weferlingen. »Einen Tag vorher hätte ich noch meinen Kopf verwettet, dass das nie was wird. Und als es dann so weit war, haben wir gesungen, haben Fackeln angezündet und ein kleines Lagerfeuer gemacht. Das war schön. Nie werde ich vergessen, als wir zum ersten Mal wieder rüber – in den Westen – gehen konnten und uns die hundert D-Mark abholten. Da sind einem die Tränen in die Augen gekommen. Das war richtig brüderlich, als sich die Menschen umarmten.«

*

Die meiste Zeit führte mein Weg durch Feld, Wald und Wiese. Oft hatte die Nützlichkeit im bewohnten wie auch im unbewohnten Land der Schönheit den Rang abgelaufen. Wie die Landschaft waren auch die Ortschaften von einer sauberen Gleichförmigkeit gestaltet. Bauernhöfe mit Gemüse-, Obst- und Kräutergärten wechselten mit schlichten Eigenheimen, wo akkurate Gärten die Wohnzimmer ihrer Besitzer nach draußen verlängerten. Nicht selten bellten Schäferhunde, wenn ich mich den fast ausgestorbenen Ortschaften näherte. Die meisten waren an der Leine. Nur einer schleifte an der Kette seine Hütte hinter sich her, setzte sich kläffend auf meine Fersen, als er meine Panik witterte. Doch ich war schneller.

Schlafstellen fand ich entlang der ehemaligen innerdeutschen Grenze ohne Probleme. Manchmal schlug ich mein Zelt unter freiem Himmel auf oder übernachtete in Pensionen und Gasthöfen. Kam ich abgekämpft, mit Gepäck und groben Stiefeln, in eine Wirtschaft, schauten mich die Menschen neugierig an. Und wenn ich beim Essen von meiner Wanderung erzählte, erntete ich oft verständnislose Blicke. Das Gehen, die natürlichste Fortbewegungsart, kam den Leuten im weiten Ackerland wie das Graben mit Spitzhacken vor.

»Für Langsamkeit bleibt keine Zeit. Das Land und der Mensch müssen funktionieren wie eine Maschine«, sagte ein missgelaunter Bauer.

Ich nickte stumm und dachte: Wer die Erde nur unter dem Gesichtspunkt der Effektivität betrachtet, der bewertet auch die Bewegungen auf ihr danach.

*

Über Valluhn, Büchen, Witzeeze und Basedow führte mein Weg zum Flusslauf der busch- und baumumwucherten Stecknitz. Mühsam stapfte ich so manche Stunde durch sumpfigmooriges Gelände, immer am mäandernden Stecknitzkanal entlang, der bereits gegen Ende des 14. Jahrhunderts entstanden war. Damals wurden die Flussläufe der Delvenau und Stecknitz zu einem Kanal verbunden, wobei etliche Höhenunterschiede mit einem Schleusensystem zu überwinden waren, um eine schiffbare Verbindung zwischen Lüneburg und Lauenburg anzulegen. Es war der älteste künstliche Wasserweg Nordeuropas, der 350 Jahre lang dem Transport des Lüneburger Salzes diente. Salz galt im Mittelalter als »weißes Gold«, das vor allem als Konservierungsmittel für Fleisch und Fisch verwendet wurde. Später wurde aus dem Stecknitzkanal der heutige Elbe-Lübeck-Kanal, der von der Trave in Lübeck bis zur Elbe bei Lauenburg führt.

Bei Lauenburg, mit seinen 600 Fachwerkhäusern aus dem 17. und 18. Jahrhundert, erreichte auch ich das Elbufer. Aufgetakelte Motorjachten, vollbeladene Frachtschiffe und schlanke Ruderboote durchkreuzten die Wasseroberfläche, zogen ihre Furchen bis zum Horizont. Über schmale Sträßchen mit altem Kopfsteinpflaster kam ich zum wohl bekanntesten Wahrzeichen der Lauenburger, das direkt am Ufer der Elbe steht. Es ist der »Lauenburger Rufer«. Die Bronzeskulptur eines Schiffers, der seine Hände zu einem Sprachrohr formt und einen morgendlichen Gruß über die Elbe ruft. Die mehr als zwei Meter hohe Figur steht seit 1959 in Lauenburg und wurde von dem Bildhauer Karlheinz Goedtke geschaffen.

*

Weiter folgte ich in Richtung Osten dem Strom der Elbe und lief durch die wunderschöne Elbtalaue, die mittlerweile von der UNESCO als Biosphärenreservat anerkannt wurde. Hier, wo die Elbe auf einer Strecke von mehr als neunzig Kilometern die deutsch-deutsche Grenze bildete, wurde ich zum Flussspringer, war mal auf der West- und mal auf der Ostseite unterwegs.

An diesem Abschnitt der mittleren Elbe, wo vier Bundesländer – Niedersachsen, Sachsen-Anhalt, Brandenburg und Mecklenburg-Vorpommern – aufeinandertreffen, war mein Weg ein geographisch abgesteckter Traum, der mich durch ein herrliches Stück Natur führte. In Hochstimmung wanderte ich auf dem Deichhang oder durch feuchte Wiesen, die der Frühling mit Blumen überschüttet hatte. Hier blühten Löwenzahn, Butter-, Puste- und Mohnblumen so dicht, als wäre eine Feldschlacht ausgebrochen. Darüber weiße Wölkchen, die ihre hellen Schatten über dem Flusswasser jagten, während die Ufer der mäandernden Elbe mit dichten Schilfhängen und weißen Sandbänken gesäumt waren. Schon die Wenden, ein slawischer Stamm, der hier vor langer Zeit gelebt hatte, sprachen wegen des hellen Sandes vom »weißen Fluss«.

Fünf Tage lang folgte ich der Elbe flussaufwärts. Fünf Tage, in denen ich schon in Herrgottsfrühe auf den Beinen war, um im lautlosen Morgengrauen, wenn die letzten Zipfel der Nacht noch in den Bäumen hingen und sich der Fluss langsam aus dem Nebel löste, idyllische Landschaften zu erleben, die ich im dicht besiedelten Deutschland gar nicht mehr für möglich gehalten hätte. Über samtgrüne Hügelwellen und kniehohe Grasteppiche lief ich auf schmalen, einsamen Pfaden, vorwärtsgetrieben von einer ehrfurchtheischenden Stille, die nur von den Stimmen der Vögel unterbrochen wurde, die fast ohne Flügelschlag ihre Kreise zogen. Malerische schilfbestandene Uferpartien wechselten mit weiten Ausblicken über den Strom, auf dem das Licht der Sonne zuweilen wie Quecksilber flimmerte.

Vom Ort Hitzacker, dessen wunderschöne Altstadt auf einer Insel inmitten der Jeetzel liegt, die in die Elbe mündet, setzte ich mit einer Fähre nach Herrenhof über. Am Ostufer traf ich immer wieder auf DDR-Wachtürme oder verweilte an blumengeschmückten Gedenksteinen, die an jene Opfer erinnerten, deren Fluchtversuche über die Elbe zwischen 1961 und 1989 grausam scheiterten. Von Brandstade, Wilkenstorf und Bohnenburg lief ich in Richtung Wehningen, wo ich inmitten eines Kiefernwaldes unvermittelt durch Wüstensand stapfte. Es war die Stixer Wanderdüne, die hier vor mehr als 10 000 Jahren entstanden ist, als das Elbland noch von der letzten Eiszeit geprägt war und die Gletscherströme große Mengen Sand im Elbe-Urstromtal ablagerten. Bis zu einer Höhe von 42 Metern bringen es sogar die Dömitzer Wanderdünen, die sich einige Kilometer weiter erstrecken. Sand, der sich im Sommer auf bis zu fünfzig Grad Celsius erhitzt, zeichnet hier Windrippen und verschüttet Buschwerk und Bäume.

Einen heimeligen Platz für die Nacht fand ich entlang der Elbe in Pensionen oder Gaststätten, wo sich mir für zwanzig oder dreißig Euro solide Zimmer boten. Zwischen Fachwerk und Schnitzereien gab es hier auch das, was man Aura nennt.

Nach dem Abendessen saß ich meist noch eine ganze Weile in der Gaststube. Bei einem Kännchen Tee oder einem Glas Wein breitete ich meine Landkarte auf dem Tisch aus und studierte die verschiedenen Wegverläufe für den kommenden Tag.

In Schnackenburg verließ ich den Elbstrom und folgte dem einstigen Grenzverlauf nach Süden. Die Sonne nahm mich in den Schwitzkasten, während ich weite Wiesen mit teichgroßen Pfützen passierte, die hier von den Landwirten »Qualmwasser« genannt werden, weil sie vielerorts aus dem Boden nach oben drängen. In manchen Dörfern hingen an Laternenmasten und Hauswänden vergilbte Reste von Wahlplakaten der NPD: »Geld für die Oma – statt für Sinti & Roma.« Oder: »Maria statt Scharia.«

Dann wurden die Dörfer und offenen Felder von einem dichten Wald abgelöst, wo das Grüne Band seinem Namen mehr als gerecht wurde. Tannen, Kiefern, Laubbäume, manche luden zu Umarmungen ein. Üppig spross die Vegetation. Sträucher, Farne, Moose und Flechten. Grün in allen Schattierungen. Olivgrün, lindgrün, neongrün. Die Wälder waren wild und verwachsen. Knorrige Stämme, bucklige Luftwurzeln und dichte Kronengeflechte, durch die gebündeltes Licht fiel. Es duftete nach Erde, und unter meinen Stiefeln federte ein Teppich aus Blättern, Tannennadeln und Moos, wenn ich nicht gerade über betonierte Lochplattenwege der DDR-Grenzpolizei schritt. Mehr als andernorts begriff ich in dieser Region, warum Heinz Sielmann, der in den siebziger Jahren durch seine Fernsehserie *Expedition ins Tierreich* bekannt wurde, schon vor dem Mauerfall erste Kontakte geknüpft hatte, um seine Vision von einem Grünen Band mitten durch Deutschland zu realisieren.

Nach einer Nacht im Wald kroch ich schon am frühen Morgen aus meinem Zelt. Andächtig lauschte ich den vielfältigen Vogelstimmen. Dazu die allerersten Strahlen der Sonne, die sich durch das dichte Blätterdach der Baumwipfel tasteten. Ganz still saß ich dann da und war Zuschauer einer großen Bühne, auf der die Natur ihre Aufführungen bestimmte, ehe ich den Rucksack packte und weiterzog. Meist lockte der nächste Gasthof mit einem schönen Frühstück: Kaffee, Brötchen und etwas Obst.

Am spiegelglatten Arendsee, in dem man ein NVA-Patrouillenboot versenkt hatte, damit Hobbytaucher in sechzehn Meter Tiefe etwas zu entdecken haben, traf ich Roland Lenk. Der Mittsiebziger war Offizier der Volksarmee gewesen. Der Mauerfall war für ihn und seine Familie kein glückliches Ereignis. »Das war eine schlimme Situation. Alles ging den Bach runter. Niemand wusste, was nun eigentlich werden wird. Wir waren ja alle bewaffnet. Doch niemals hätten wir aufeinander geschossen. Das hätte es nie gegeben. Wir waren ja schließlich ein Arbeiter- und Bauernstaat. Es ging uns darum, die Interessen der Arbeiter und die Interessen der Menschheit in der Welt zu vertreten. Und wir waren überzeugt davon, dass wir eigentlich der bessere Staat sind. Dass unsere Gesellschaftsordnung die menschlichere ist als die, die wir jetzt haben.«

Dann wieder: gehen, gehen, gehen. Unterwegs im deutschen Nirgendwo. Salzwedel, Bergen an der Dumme, Dahrendorf, Brome. Ungehindert pfiff der Wind zuweilen übers weite Land, wilde Wolkenhorden vor sich hertreibend. Wetterfronten zogen auf. Heftige Sturmböen zwangen mich ins Zelt. Tags darauf boten mir Bauer Rolf und seine Frau Kerstin vor einem infernalischen Gewitter mit Blitz und Donner ein Dach über dem Kopf. Ein anderes Mal prasselten sintflutartige Regengüsse aus düsterem Gewölk. Blind vor Nässe und taub vom Regengeräusch, fand ich in einer verlassenen Scheune Unterschlupf, legte die klatschnasse Kleidung ab und dampfte wie ein Ackergaul in der Abendkühle.

Als sich die Gewitterwolken zerstreuten und der Himmel freundlicher wurde, führte mich mein Weg in das Doppeldorf Zicherie-Böckwitz. Im Grenzmuseum, das mit vielen Bildern, Fundstücken und Dokumenten der deutsch-deutschen Geschichte vollgestopft war, traf ich den Landwirt Willi Schütte (75), der das Museum eingerichtet hat und betreut. Ein Mann mit verschmitztem Lächeln und liebenswertem Charme, der sein volles graues Haar nach hinten gekämmt hatte. Er trug ein kariertes Hemd und darüber eine graue Arbeitsweste mit vielen Taschen. Trotz gesundheitlicher Probleme strahlte er eine herzerfrischende Vitalität aus. Zudem war er ein wunderbarer Erzähler. Was für eine Bereicherung, ihm zuzuhören. Nichts konnte ihn vom Kurs abbringen, wenn er in die Vergangenheit eintauchte. Eine Geschichte reihte sich an die andere, als er mir das ganze Drama der Nachbardörfer erzählte: Wie Zicherie-Böckwitz über Generationen zusammengewachsen war – mit Bäcker, Molkerei, Schlosser, Tischler, Schuster und Schule. Wie Zicherie 1945 der Westzone zugeschrieben wurde und Böckwitz der Ostzone. Wie ein Bretterzaun die Dörfer 1952 trennte. Wie seine Mutter in Böckwitz zwei Jahre Zuchthaus bekam, weil sie mit ihren Meinungsäußerungen für die DDR nicht tragbar war. Wie er die Vertreibung erlebte und im Alter von vierzehn Jahren mit seiner Familie in den Westen abhaute. Wie 1961 DDR-Grenzsoldaten einen Stacheldrahtzaun errichteten und zehn Schlepper kamen, um einen Spurensicherungsstreifen zu pflügen. Wie die Betonsperrmauer alle verwandtschaftlichen Beziehungen zerriss und die Menschen im Osten nicht mal über den Grenzstreifen winken durften. Wie er jahrzehntelang Schmuggel und Fluchtversuche erlebte. Und wie im November 1989 endlich die Wende kam – und die Mauerteile mit einem Bagger aus der Erde gehoben wurden. So war das.

*

Bei strahlendem Blau wanderte ich weiter nach Oebisfelde, Weferlingen, Grasleben und Walbeck, ehe ich die Gedenkstätte Helmstedt-Marienborn erreichte: einst der meistfrequentierte Grenzübergang für den Transitverkehr zwischen West-Berlin und der Bundesrepublik. Gesamtfläche: 35 Hektar. Die Kosten betrugen siebzig Millionen Ostmark. Auf einer Klassenfahrt nach West-Berlin, ich war sechzehn Jahre alt, wurde hier unser Reisebus in einer Garage regelrecht auseinandergenommen. Alle meine Schulfreunde mussten ihre Kleider und Schuhe ablegen. Comics, *Bravo*-Hefte und westdeutsche Zeitungen wurden konfisziert. Ein beklemmendes Gefühl – damals wie heute.

Zwanzig Kilometer weiter südlich kam ich nach Hötensleben. Von einer Anhöhe blickte ich auf das komplette Absperrsystem der DDR, das man hier im Originalzustand besichtigen kann: Ganz dicht stehen hier Wohnhäuser an der 3,50 Meter hohen Grenzmauer, die zusätzlich mit griffabweisendem Rohr versehen ist. Gleich daneben zahlreiche Stahlhöcker, die einst als Kfz-Hindernisse aufgestellt wurden. Ich sah einen Streckmetallzaun mit Signaldrähten, breite Erdstreifen zur Erkennung von Fußspuren, Kommandoturm sowie Licht- und Hundetrasse. Nicht zu vergessen der Kolonnenweg aus gelochten Betonplatten, der sich auf einer Länge von etwa tausend Metern durch die Landschaft schlängelte.

*

BEI HÖTENSLEBEN IST DAS KOMPLETTE SPERRSYSTEM
DER DDR ALS MAHNMAL ERHALTEN. BLICK AUS DER
VOGELPERSPEKTIVE, AUFGENOMMEN MIT EINER DROHNE.

Dann der Harz, den ich über Wackersleben, Osterwieck, Abbenrode und Stapelburg erreichte. Das höchste Mittelgebirge Norddeutschlands, das sich auf einer Fläche von 110 mal 30 bis 40 Kilometern erstreckt, war schon vor tausend Jahren eine Bühne der Weltgeschichte. Bekannt für den Silbererzabbau, erlangten Städte wie Goslar, Quedlinburg und Wernigerode großen Reichtum. Viele Orte, deren mittelalterlicher Kern noch heute von historischen Häuserfronten geprägt ist, blieben über Jahrhunderte erhalten, wurden restauriert und zählen mittlerweile zum UNESCO-Weltkulturerbe.

Nicht nur für wandernde Dichter wie Goethe, Heine, Klopstock oder Novalis war der Harz ein inspirierendes Stück Natur. Auch für meine Eltern war diese üppig bewachsene Bergregion in den sechziger Jahren ein ersehntes Urlaubsziel. So lernte ich schon in frühen Jahren die unterschiedlichsten Wald- und Wiesenpfade rund um den Brocken kennen. Und 2007 wanderte ich mit meinem Sohn Aaron, damals war er fünfzehn, in seinen Sommerferien vier Wochen durch den Harz. Auf der literarischen Spur von Heinrich Heine ging es 250 Kilometer durch das Land der Wälder und Moore, der Burgen und Hexen. Von Göttingen folgten wir Heines historischer Route über Osterode, Goslar, Bad Harzburg, den Brocken und Wernigerode. Im Bode- und Selketal liefen wir durch dichte Laubmischwälder – und plötzlich lag sie vor uns: Burg Falkenstein. Eine der schönsten Burgen Deutschlands. Groß und wuchtig. Wie ein Traum aus Kindertagen. Hier, wo Heinrich Heine den Schlusspunkt seiner Wanderung setzte, die er im Herbst 1824 unternahm und die zur Niederschrift seiner *Harzreise* führte, jenes berühmte Werk, in dem sich der damals noch junge deutsche Dichter über die

Engstirnigkeit der bürgerlichen Welt lustig machte und an der Schönheit der Natur berauschte, endete auch unsere Reise.

Viel Zeit hatten sich mein Sohn und ich im Harz füreinander genommen, als wir dreißig Tage durch die altbekannte und dennoch fast vergessene Region wanderten. Wir besuchten historische Orte, erlebten dramatische Wetterfronten – und waren auch den Gespenstern der jüngsten deutschen Vergangenheit begegnet, als die innerdeutsche Grenze mit Stacheldraht und Mauerwerk mitten durch den Harz verlief.

Mit vielen Bildern unserer Vater-Sohn-Wanderung im Kopf lief ich nun allein auf dem Harzer Grenzweg, der mich von Ilsenburg in das Tal der Ecker führte, die lange ein Grenzfluss war. Unter hypnotischem Himmelsblau querte ich den Eckerstausee auf der Staumauer. Einmal hin, einmal zurück. Denn in der Mitte der Dammkrone (559 Meter) markierte ein farbiger Pfahl (schwarz-rot-gold) die ehemalige innerdeutsche Grenze.

Über ausgedehnte Hügelketten mit dichten Fichtenwäldern ging es dann durch schattige Talgründe, wo die Hänge zu plätschernden Bächen hinabfielen. Hier, im dichten Wald, in dem sich Heinrich Heine – jenseits des Göttinger Universitätsbetriebs – wunderbar leicht fühlte, spürte auch ich, wie mich die Natur umprogrammierte. Mehr als in den Wochen zuvor empfand ich die fließende Bewegung im Freien als Glücksgefühl. Ruhig und gelassen schritt ich dahin, freute mich an der Bodenhaftung, an den Duftfeldern und dem lebendigen Klang der Natur.

Gleichwohl erfuhr ich von einigen Forstarbeitern, dass es um den Wald im Harz nicht so gut stand. Ich hörte von Borkenkäfer-Invasionen und dem Kahlfraß riesiger

Insektenheere, von Schäl- und Wildbissschäden, von Sturm- und Feuerverwüstung, von Bodenerosionen und Erdrutschen, von saurem Regen, Industrieabgasen und Rentabilitätsraten. Der Wald als Konfliktstätte und Rohstofflieferant.

*

In Schierke traf ich dann wie geplant Matthias Politycki im »Brockenstübchen«. Bei einer deftigen Brotzeit mit Schinken, Blutwurst, Senf, Harzer Käse und Bier tauschten wir unsere Wandererlebnisse aus. Matthias' Weg, so hatte ich den Eindruck, war sehr viel anstrengender gewesen als meiner. Ich konnte kaum glauben, was er an Torturen erlebt hatte, als er zu erzählen begann: »An der Nordspitze Bayerns war ich noch wohlgemut gestartet und durchs oberfränkische Land gewandert. Doch immer wieder verschwand der ehemalige Kolonnenweg, auf dem die DDR-Grenzfahrzeuge patrouillierten, im dichten Grün. Und immer wieder musste ich im dichten Unterholz einen Hang hinab und einen anderen Hang wieder hinauf steigen, um ein Durchkommen zu finden. Gern hätte ich eine Kettensäge zur Verfügung gehabt, um mir einen Weg durch den Urwald-Frust zu bahnen. Niemals hätte ich erwartet, dass ein Biotop in Deutschland derart undurchdringlich sein kann.« Doch damit nicht genug. In der fränkisch-thüringischen Grenzregion passierte Matthias dann leere Landschaften und fast ausgestorbene Dörfer, in denen er mehr Gartenzwerge als Menschen antraf. »In der Innenstadt von Hirschberg, stand ich vor einem dreistöckigen Haus, das für 5000 Euro zum Verkauf angeboten wurde«, berichtete er weiter. »Und in Mödlareuth (Oberfranken) begegnete ich einem Handwerker, der liebevoll ein Stück Grenzmauer pflegte, die einst mitten durch das Dorf führte, während das Grüne Band, sofern vorhanden, weder Holzbank noch Schutzhütte oder Gasthof bot.« Schließlich plagte Matthias die brennende Sonne und ein Zeckenbiss, ehe er erneut durch einen dichten Urwald stapfte. »Dass ich hier in Lebensgefahr war, erfuhr ich erst am Abend, als ich die Frau eines ehemaligen NVA-Grenzers traf. Fast beiläufig erzählte sie, dass dieses unwegsame Waldstück zwar von Minen geräumt wurde, aber nach wie vor wisse man nicht, ob diese Region tatsächlich ›sicher‹ ist.«

Tage später erreichte Matthias die Rhön. »Dort gelangte ich zu dem Skulpturenpark ›Deutsche Einheit‹, wo skurrile Figuren an tragische Grenzereignisse erinnerten. Und auf der Gobert, ein über 500 Meter hoher Höhenzug der Hessischen Schweiz, traf ich auf einen ehemaligen Stasi-Tunnel. Ein vierzig Meter langes Rohr, das unter der Grenzmauer zwischen Ost und West verlief. Noch heute kann man dort hindurchkriechen.«

Später am Abend diskutierten Matthias und ich über das Leben in unterschiedlichen Systemen, über Wohlstandsgesellschaft und Mangelwirtschaft, über Freiheit und Unfreiheit, über »Wessies« und »Ossies«. Vor allem in einem Punkt waren wir uns einig, dass es oft einzelne Menschen sind, die mit ihrer persönlichen Vision eine ganze Region ein Stück weit nach vorne bringen. Allein für diese Erkenntnis hatten sich all die Anstrengungen unserer Deutschlandwanderung gelohnt.

Tags darauf stiegen wir gemeinsam den Brocken hinauf. Im märchenhaften Waldmeer trafen wir Benno Schmidt, besser bekannt als Brocken-Benno. Er markierte den 130 Kilometer langen Harzer Grenzweg ganz eigenmächtig und überrumpelte damit die Behörden, die diesen Weg 2006 offiziell einweihten. Man kann gar nicht hoch genug schätzen, was Brocken-Benno in seiner eigensinnigen Art für die gesamte Region geleistet hat, wie viel er durch seine Präsenz in den Medien noch immer tut.

Mittlerweile ist Brocken-Benno 82 Jahre alt. Ein zäher Bursche, freundlich und aufgeschlossen, der tagtäglich »seinen« Brocken erklettert. Unser gemeinsamer Aufstieg war für Benno das 7353. Mal. Er will Kilometer gegen das Vergessen erwandern, wie er uns erklärte. Drei Mal hat er es schon ins *Guinness-Buch der Rekorde* geschafft – und ein Ende seiner Wanderlust ist nicht abzusehen.

Je höher wir dann dem Brockengipfel kamen, desto spärlicher wurde die Vegetation. Irgendwann sahen wir nur noch kleinwüchsige Fichten, Gräser und Zwergstrauchheide. Bei 900 Metern Höhe zogen Nebelwolken auf, verwischten die Konturen. Eisiger Regen setzte ein. Und als wir das kahle Gipfelplateau erreichten, peitschte beißender Ostwind mit 90 Stundenkilometern heran. Tränenschleier legten sich über die Augen. Mein Gesicht glühte feuerrot. Kein Blick in die Weite. Alles grau in grau. Ich fühlte mich eingehüllt in eine trübe Wolkenwelt und wurde zudem in den örtlichen Legendenteppich einbezogen. Denn: Nicht nur DDR-Grenzsoldaten und russisches Militär waren auf dem Brocken stationiert. Auch Hexen und Teufel sollen hier getanzt haben. Deshalb wird im Harz noch heute die Walpurgisnacht gefeiert. Das Fest erinnert an die Zeit, als die alten Germanen die Hochzeit ihres mächtigsten Gottes Wotan mit Freya, der Göttin der Liebe und Fruchtbarkeit, feierten. Später vermischte sich dieser Volksglaube mit der Legende um die heilige Walpurga, die die Menschen vor den Zauberkräften reitender Hexen, die nachts auf ihren Besen hinauf zum Brockengipfel fliegen, schützen sollte.

*

Woran würde ich mich erinnern, fragte ich mich auf dem nebelumwogten Brocken, wenn ich nach Hause zurückgekehrt wäre, von einer Wanderung entlang der deutschdeutschen Grenze, die vor 25 Jahren abgerissen wurde?

Vielleicht an die Farben der Wälder und Wiesen. An die vielen Gesichter in Ost und West – jedes eine Bühne für sich. An die goldgelben Wellen der Rapsfelder. An die Gedenksteine, die von gescheiterten Fluchtversuchen berichten. Vielleicht auch an den ruhigen Flusslauf der mäandernden Elbe. An Wachtürme, Stacheldrahtzäune und fugenlos ineinandergreifendes Mauerwerk, das sich wie eine Betonanakonda mitten durch Deutschland schlängelte. Vor allem aber an einen sehr wahren Satz, der auf einer Bodenplatte der DDR-Kontrollstelle Helmstedt-Marienborn steht: »Erinnerung ist die Währung, mit der sich eine Gesellschaft organisiert.«

9

PILGERN

Auf dem Weg zu sich selbst

Wir sind Pilger, die auf verschiedenen Wegen
auf einen gemeinsamen Treffpunkt zuwandern.

ANTOINE DE SAINT-EXUPÉRY

Pilgern, vom lateinischen *peregrinus* abgeleitet, bedeutet
so viel wie »in der Fremde sein Heil suchen«. Insofern ist
eine Pilgerschaft die Suche nach authentischen und trans-
personalen religiösen Erfahrungen, wenn man an einem
Krisen- oder Wendepunkt seines Lebens steht. Gerade im
21. Jahrhundert, in einer Zeit, die von Unsicherheit und Un-
überschaubarkeit geprägt ist und in der viele Menschen das
Vertrauen zu weltlichen und kirchlichen Instanzen verloren
haben, ist die Sehnsucht nach unmittelbarer Erfahrung von
spiritueller Mystik eine zwangsläufige Entwicklung. Hier
liegen, so scheint mir, die Wurzeln für eine Renaissance
des Pilgerns, verbunden mit der Frage nach dem Sinn des
Seins, die viele Menschen hinaustreibt, an einen anderen
Ort, auf einen unbekannten Weg, um nach Antworten auf
existenzielle Fragen zu suchen.

Eine Pilgerschaft ist anders als eine Wanderung. Wer pilgert, ist auf der Suche nach Wahrhaftigkeit und innerer Be-
gegnung, nach Selbsterkenntnis und Identitätsfindung. Es

geht um einen Kontakt mit der Sphäre des Heiligen, wobei man sich, jenseits aller Selbstbezogenheit, in einem sehr viel größeren Zusammenhang erleben kann. Wer pilgert, sucht weniger den Weg, sondern mehr sich selbst oder Gott.

Schon als Kind bin ich mit meinen Eltern in Österreich und der Schweiz zu jedem mannshohen Kreuz gewandert, das zu Fuß erreichbar war. »Wir pilgern!«, hieß dann das Tagesmotto. Wege rauf, Wege runter. Durch Wald und Wiese. Damals wusste ich nicht so recht, was das bringen sollte. Ich lief einfach mit, wie es Kinder halt so machen, saß mit meinen Eltern schließlich auf irgendeiner verwitterten Holzbank – neben uns Jesus am Kreuz – und schaute in die Weite, während mein Stiefvater die Arme ausbreitete und bedeutungsvoll rief: »Meine Berge!« – und meine Mutter belegte Brote reichte.

Die Bedeutung einer Pilgerschaft hat sich mir erst viel später erschlossen, als ich auf dem legendärsten Wallfahrtsweg des Abendlandes unterwegs war. Auf dem Jakobsweg, dessen jahrtausendaltes Wegenetz quer durch Europa verläuft. In Ungarn, Italien, Frankreich und Spanien. Ich wanderte (mit einem viel zu großen Rucksack) auf verschiedenen Abschnitten dieser historischen Pilgerroute, wobei vor allem die letzte Etappe in den vergangenen Jahren immer populärer geworden ist. Gemeint ist der sogenannte Camino Francés, der »klassische« Jakobsweg. Er führt quer durch Spanien Richtung Nordwesten, nach Santiago de Compostela und Finisterre an der Atlantikküste, dem Ende der Welt, wie man im Mittelalter glaubte. Ein uralter Pilgerpfad, der nun seine Wiedererweckung erlebt.

Ganze Heerscharen von Christen brachten diesen steinigen und staubigen Wallfahrtsweg hinter sich, religiöse Leidenschaft im Herzen und Blasen an den Füßen. Ziel

ALS PILGER KANN MAN IN DIE FASZINIERENDE NATUR DER PYRENÄEN EINTAUCHEN, UM SICH ZU VERÄNDERN UND SICH ZU FINDEN.

und Lohn für alle Mühsal ist noch heute das Erreichen der Kathedrale von Santiago. Lange Schlangen drängen sich am Eingang zum Pilgergottesdienst. Doch geduldig nimmt man den Stau in Kauf. Denn der Brauch will es, dass jeder Pilger beim Eintritt die rechte Säule des Portals berührt, einen Fuß in den aufgesperrten Rachen eines Fabeltiers setzt, ehe der Kopf eines darüberliegenden Steinwesens geküsst wird. All das, um den himmlischen Segen zu erbitten.

Wer hiernach in das riesige Schiff der Kathedrale vorgedrungen ist, schiebt sich Meter für Meter durch die Menschenmassen, um hinter dem Altar zur gold- und silberstrotzenden Statue des Heiligen Jakobs zu gelangen, die traditionsgemäß von hinten umarmt wird. Indessen nimmt der Gottesdienst seinen Lauf – und endet mit einem Höhepunkt: Ein gigantischer Weihrauchkessel wird von mehreren Helfern durch das Querschiff geschubst, schwingt an einem etwa 30 Meter langen Seil bedrohlich nahe über den Köpfen der Gläubigen und verbreitet Wohlgeruch. Das sind Augenblicke, in denen es wohl für die wenigsten Pilger – damals wie heute – relevant ist, was hinter der Legende, dass einst himmlische Heerscharen den Leichnam des Apostels Jakob aus Palästina nach Nordspanien trugen und dort bestatteten, an historischer Wahrheit steckt.

Erst einige hundert Jahre später soll ein frommer Einsiedler das Felsengrab entdeckt haben, und die Gebeine sollen ins heutige Santiago de Compostela überführt worden sein. Eine Kirche wurde darüber erbaut und Jakobus der Ältere zum Wundertäter und Heiligen ausgerufen, der unter anderem Gehenkte zum Leben erwecken und christliche Könige aussichtslose Schlachten gewinnen lassen konnte.

Schon gegen Ende der siebziger Jahre des 20. Jahrhunderts, als es am Jakobsweg kaum Wegschilder und Markierungen gab, waren die traditionellen Insignien eines echten Pilgers: ein Stock, um wilde Hunde zu vertreiben, ein ausgehöhlter Kürbis zum Trinken und die Jakobsmuschel als Löffel. Und auch die Fragen zur Selbstreflexion waren auf dem Weg zum spanischen Apostelgrab – wie vor Jahrhunderten – immer gleich: Was mache ich hier? Wo will ich hin? Was ist der Sinn?

In jenen Tagen habe ich beim mühevollen Gehen auf den Gebirgspfaden in Frankreich und Spanien gelernt, auf meine eigene Kraft zu vertrauen. Ich habe erfahren, wie gut es tut, wenn ich gelegentlich für mich allein gehe, um meine Energie nicht teilen zu müssen. Auch wurde mir in der tagtäglichen Einsamkeit klar, dass das eigentliche Ziel beim Pilgern nicht in meinem Umfeld zu entdecken ist, sondern in mir selbst liegt. Der Weg, von dem man geführt und getragen wird und der gleichsam körperliche und geistige Herausforderung ist, trägt das Seine dazu bei. Er ist das Verbindungsstück, das man zu einer bewusstseinserweiternden Erfahrung benötigt.

Wenn auch das Alleinsein zu einzigartigen Erfahrungen führt: Wichtig waren mir beim Zu-Fuß-Reisen immer menschliche Begegnungen. So habe ich vor vielen Jahren in den spanischen Pyrenäen einen grauhaarigen, langbärtigen Pater getroffen, mit dem ich an einem wolkenlosen Nachmittag Milch, Brot und Käse teilte und der mir beim Abschied einen kleinen Zettel mit auf den Weg gab. Darauf stand: »Habitare secum«, was so viel bedeutet wie »bei sich wohnen«. Ganz ähnlich hat es Jahre später eine Isländerin ausgedrückt, die ich in Reykjavík traf, als das Gewölk über Islands Hauptstadt so finster war wie die Nacht und ich tagelang auf besseres Wetter wartete, um in die Ódáðahraun-Wüste zu wandern, die größte Lavawüste der Erde.

»Wenn dunkle Wolken auf dein Gemüt drücken«, ließ Karin mich bei einem dampfenden Tee wissen, »musst du es dir in deinem Inneren schön machen.« Eine zweckmäßige Erkenntnis, die mir auf vielen Wanderungen sehr hilfreich war, um von dunklen und grüblerischen Gedanken in einen Zustand heiterer Gelassenheit zu kommen.

Später habe ich dann auf den unterschiedlichsten Wanderungen erfahren, was eine Pilgerschaft noch alles beinhalten kann, um dem eigenen Leben eine Wendung zu geben. Pilgern ist:

- Abwurf von Alltagslasten
- Hinwendung zur Natur und allem Neuen
- innere Befreiung
- Zugewinn an Selbstvertrauen und Kraft
- Suche nach Antworten
- Selbstheilung

Wer mit diesem Wissen auf Wanderschaft geht, um im geruhsamen Vorwärtsschreiten zu sich selbst oder zu Gott zu finden, erlebt das Wesen einer Pilgerreise als wunderbare Lebensbereicherung. Die Region, in der man unterwegs ist, spielt dabei eine untergeordnete Rolle, ist weitgehend unwichtig. Viel entscheidender ist, dass man sich nicht überfordert. Die jeweilige Wegstrecke, die man am Tag einplant, sollte nicht zu hoch angesetzt werden. Wer mehr als 25 Kilometer am Tag wandert, hat kaum Zeit, sich für die Natur am Wegesrand zu interessieren, für die Menschen, die einem begegnen, oder für Gott und für sich selbst. Und wer sich bereits vor einer Pilgerwanderung zu angegriffen fühlt, sollte sich erst gar nicht auf den Weg machen, weil er dann kaum Zugang zu sich selbst schafft.

Pilgern bedeutet nicht nur Entspannung für die Seele, sondern soll auch Entspannung für den Körper sein. Deshalb ergibt es keinen Sinn, wenn man auf seiner täglichen Wegstrecke bis an die konditionellen Reserven geht und erst gegen Abend sein Quartier sucht. Als Pilger sollte man vielmehr geruhsam und gelassen laufen: Schon am Nachmittag schlägt man sein Lager auf oder kehrt in einen Gasthof ein. So bleibt einem genügend Zeit, um den Körper langsam »runterzufahren« und seinen Gedanken nachzuhängen. Manch einer besucht am Abend auch gern eine Kirche oder nimmt an einem Gottesdienst teil. Wieder andere schreiben Tagebuch, meditieren oder lesen in ihrer Taschenbibel, die sie bei sich tragen.

Gleichwohl braucht es immer eine gewisse Zeit, ehe man auf einer Pilgerschaft das findet, was man sucht. Manchmal fällt es einem ganz einfach zu, was man so lange entbehrt und vermisst hat. Ohne jede Vorahnung ist man plötzlich zum richtigen Zeitpunkt am richtigen Ort. Der Zufall wird zur Fügung. Doch Wunder gibt es nicht.

10

SPUREN IM SAND

Auf der Route des Afrikaforschers
Gerhard Rohlfs durch Marokko

Der Reiz des Neuen, das Lockende, völlig
unbekannte Gegenden durchziehen zu können,
fremde Völker und Sitten, ihre Sprache und
Gebräuche kennenzulernen, ein Trieb zu
Abenteuern, ein Hang, Gefahren zu trotzen:
Alles dies bewog mich, das Wagnis auszuführen.

GERHARD ROHLFS

Ganz langsam fingen die Tage in der Wüste an. Es war
still, ganz still, nur manchmal flüsterte der Wind, der über
Sand, Geröll und dürre Gräser strich. Nicht einmal das
Zwitschern eines Vogels war zu hören. Ich liebe diese mor-
gendliche Stunde, wenn erste Sonnenstrahlen über den Horizont tasten, der seidenblaue Himmel und die graugelbe
Weite in fast vollkommenes Schweigen gehüllt sind. Dann
verlasse ich mein kleines Biwak und trete ins Freie hinaus,
in eine andere Welt, in der ich mehr im Draußen verankert
bin als in meinem Selbst.

Ich befand mich im Süden Marokkos, wo die Ausläufer
der Nordsahara beginnen. Seit ich als Siebzehnjähriger erstmals in der Sahara unterwegs war und mich der Wüsten-
Virus packte, habe ich die größte Wüste der Welt mehr als

ein Dutzend Mal bereist, vorwiegend zu Fuß. Und auch dieses Mal war ich ›auf Schusters Rappen‹ unterwegs. Ich hatte mir vorgenommen, den Spuren des deutschen Afrikaforschers Gerhard Rohlfs (1831–1896) zu folgen, der unter den deutschen Afrikareisenden des 19. Jahrhunderts einer der letzten Vertreter der Generation war, die unbekannte Gebiete Afrikas erforschte, ohne dass eine Regierung oder eine wissenschaftliche Institution hinter ihnen stand.

Als dritter Sohn eines Landarztes wurde Gerhard Rohlfs in Vegesack bei Bremen geboren. In Osnabrück besuchte er das Gymnasium, doch schon im Alter von fünfzehn Jahren war ihm der schulische Zwang zuwider. Er riss aus und versuchte in Amsterdam als Decksjunge auf einem Schiff nach Ostindien anzuheuern. Seine Mutter reiste ihm nach und holte ihn kurz vor dem Auslaufen von Bord.

Nach dem Abitur in Celle ging Gerhard Rohlfs zur schleswig-holsteinischen Armee, kämpfte als Unteroffizier im Krieg gegen Dänemark und wurde wegen außerordentlicher Tapferkeit zum Leutnant befördert. Später studierte der junge Rohlfs in Würzburg, Heidelberg und Göttingen Medizin, ohne zu einem Abschluss zu kommen. Stattdessen wanderte er, von Fernweh und Abenteuerlust getrieben, durch Österreich, die Schweiz und Italien, fuhr mit dem Schiff von Marseille nach Algier und trat dort 1855 als Wundarzt und Apotheker in die französische Fremdenlegion ein. Dort beteiligte er sich an mehreren Expeditionen gegen die räuberischen Wüstenstämme, erwarb zahlreiche Auszeichnungen und wurde in den Rang eines Sergeanten befördert.

Zudem nutzte Rohlfs seine sechsjährige Dienstzeit bei der Fremdenlegion, um Arabisch zu lernen. Er gewann große Kenntnisse der islamischen Glaubenslehre und er-

IM LICHT- UND SCHATTENSPIEL EINES OZEANGLEICHEN
SANDMEERES DEFINIERT SICH DAS SEIN DURCH BEWEGUNG.

hielt wichtige Einblicke in die Sitten der arabischen Völker. All das war ihm äußerst dienlich, als er sich schließlich als Zivilist und Autodidakt aufmachte, um einige der unbekanntesten Gegenden Afrikas zu erkunden.

Im 19. Jahrhundert galt Gerhard Rohlfs als großer Reisender, der sich von 1861 bis 1867 mit Neugier der Erfahrung des Fremden aussetzte und insbesondere Land und Leute der Sahara erkundete. Er war Augenzeuge und Chronist eines Afrikas, das vor ihm noch kein Weißer gesehen hatte.

Schon während seiner ersten Afrikareise, die ihn durch Marokko und Algerien führte, notierte er Tag für Tag geographische Angaben und sonstige Einzelheiten über die exotische Natur, ohne die Gefahren, Anstrengungen und Entbehrungen zu scheuen, die eine Reise durch islamische Länder mit sich brachte. Später durchquerte er die Sahara von Norden nach Süden und reiste im Osten Afrikas bis zum Nil, wo er nach Assuan und Kairo gelangte.

Seit ich als junger Student der Afrikanistik die Reisebücher von Gerhard Rohlfs gelesen hatte, der für mich zu den bedeutendsten deutschen Afrikaforschern zählt, träumte ich davon, es ihm gleichzutun. Schließlich verkörperte der norddeutsche Entdecker und Abenteurer jenen Typus der »klassischen Reisenden, die, ohne des Aufwandes einer großen Expedition zu bedürfen, allein oder mit wenigen Begleitern hinauszogen ins Unbekannte, jener Reisenden, für die das Reisen Selbstzweck war, uneigennützig und harmlos, mit wenig Geld und ohne Opfer an Blut, außer dem eigenen«, schrieb Wilhelm Sievers 1891, Professor für Geographie, in seinem Buch *Afrika. Eine allgemeine Landeskunde*.

So kam es, dass ich in den Norden Afrikas aufbrach, um der ehemaligen Reiseroute von Gerhard Rohlfs durch

Marokko zu folgen. Es war Rohlfs' erste große Afrikareise, die ihn in eine faszinierende Welt voller Geheimnisse und Rätsel führte.

Von Spanien reiste ich über die Meerenge von Gibraltar nach Marokko und trieb in Tanger unter einem wolkenlosen Himmel in einem Strom von Flaneuren durch Gassen und Gärten. Kirchtürme standen hier neben Minaretten, Kaffeehäusern und Hafenspelunken, arabische Architektur neben Gebäuden in portugiesischem, jüdischem und persischem Stil, während die Straßennamen wie Avenue d'Espagne oder Rue du Portugal an Tangers Ära als Internationale Zone erinnerten. Acht Staaten verwalteten von 1923 bis 1956 Nordafrikas berühmt-berüchtigte Hafenstadt. Ein haschischgeschwängertes Sammelbecken für Verlierer und Reiche, für Mädchen- und Knabenhändler, Drogensüchtige, Homosexuelle, Schmuggler, Prostituierte, Spione und Literaten wie William S. Burroughs, Truman Capote, Allen Ginsberg und Paul Bowles, die sich hier inspirieren ließen, ehe Marokko unabhängig wurde.

Wo immer ich in Tanger nach Gerhard Rohlfs fragte – im Touristenbüro, in Cafés oder Hotels –, entlockte sein Name nur ratloses Kopfschütteln. Auch Männer wie Heinrich Barth, Gustav Nachtigal, René Caillé und Friedrich Konrad Hornemann, die einst einen großen Teil Afrikas entdeckten und kartographierten und deren Bücher von Wissenschaftlern und Liebhabern eifrig gelesen wurden, waren in Vergessenheit geraten.

Schließlich saß ich auf einer kleinen Hotelterrasse, während der *Chergui* blies, ein unermüdlicher Wüstenwind, der die nordmarokkanische Stadt nie loslässt. In der Luft hingen die Stimmen und Geräusche eines pulsierenden Lebens, mischten sich mit dem Duft von Jasmin, Eukalyptus und säuerlichen Exkrementen, die hinter dem Hafen durch dicke Röhren ins Meer flossen. Bei einem Glas Thé à la Menthe, ein grüner Tee mit viel Zucker und noch mehr frischer Minze, der als Nationalgetränk gilt, und einer Schale mit Datteln stimmte ich mich gedanklich auf meine Wanderung ein.

Tags darauf machte ich mich im spärlichen Morgenlicht auf den Weg nach Süden – in die Rif-Berge. Nur 15 Kilogramm wog mein Rucksack. Auch der dreißigjährige Rohlfs, der in Tanger die Gepflogenheiten eines frommen Moslems gelernt hatte, sich nach Landessitte kleidete und sich den Namen Mustafa-el-Tobib zulegte – »Tobib« bedeutet im Marokkanisch-Arabischen so viel wie Arzt –, hatte sein Gepäck »auf das Notdürftigste reduziert«, als er Tanger verließ. Nicht mehr als »ein Bündelchen mit Wäsche war Alles, was ich bei mir hatte, nach Landessitte trug ich es an einem Stocke hängend auf der Schulter; eine weiße Djelaba (ein weißes langes wollenes, mit Kapuze versehenes Hemd) war meine Kleidung. Gelbe Pantoffeln, dann eine spanische Mütze, worin ich mein letztes Geld – eine englische Fünf-Pfundnote – genäht hatte, endlich ein schwarzer weiter europäischer Überzug, der als Burnus dienen konnte: das war mein Anzug. Ich hatte keine Waffen, ein kleines Buch mit Bleistift, um Notizen machen zu können, war in der Tasche verborgen. Das war meine ganze Ausrüstung.«

Über Tétouan und Chefchaouen, eine malerisch gelegene Stadt am Hügel, führte mich die Reiseroute Gerhard Rohlfs' nach Fès, das traditionsreiche geistige Zentrum Marokkos, wo ich durch das Bab Boujeloud spazierte, das eindrucksvolle Tor zur Altstadt. Blaue Mosaiksteine zierten die Außenseite des Eingangstors, grüne Steine die Innenansicht. Dahinter öffnete sich ein Gassenlabyrinth – der alte Kern der Königsstadt, der von gewaltigen Mauern umgeben war. Überall herrschte hektisches Treiben. Händler und Kunsthandwerker boten lautstark ihre Waren feil. Zwischen Holzschnitzereien und Einlegearbeiten, Teppichen, Decken, Töpfen und Schmuckwaren aus Gold und Silber wurde ich alle paar Minuten von lauernden Guides angesprochen, die mir die ganze Stadt für ein paar Dirhams zeigen wollten.

Gerhard Rohlfs' Reise hatte sich dagegen sehr viel schwieriger gestaltet. Mit einem Esel zog er von Tanger aus südwärts in die Täler und über die Pässe der Rif-Berge, »in Begleitung eines Landbewohners, der es übernommen hatte,« ihn »nach Fès bringen zu wollen«. Doch schon bei der ersten Gelegenheit verschwand sein Diener und Dolmetscher samt Esel und Gepäck. Rohlfs blieb nur das, was er am Leib trug, und schlug sich trotzdem nach Ouezzane durch, eine tausendjährige Pilgerstadt, die in jenen Tagen als Mekka der Marokkaner galt. Es war der Wohnsitz des Groß-Scherifs Sidi-el-Hadj-Abd-as-Salam, dessen Stammbaum in direkter Linie bis auf Mohammed zurückging.

Gastfreundlich nahm der hohe Würdenträger, der die kulturellen Verhältnisse in Europa gut kannte, den mittellosen Deutschen in seinem Palast auf und schenkte ihm für die Weiterreise nicht nur ein Maultier, sondern stattete ihn auch mit einigen Empfehlungsschreiben aus.

In Fès, der damaligen Hauptstadt Marokkos, zeigten die Referenzen des Groß-Scherifs große Wirkung. Der Oberkommandierende der marokkanischen Armee ernannte Rohlfs sogleich zum Chefarzt des Heeres. Als Monatsgehalt gab es hundert Mosonas, während ein Handwerker sehr viel weniger verdiente. Zudem wurde ihm gestattet, eine Privatpraxis zu eröffnen. An der Eingangstür befestigte Rohlfs zwei Bögen Papier, darauf stand: *Mustafa der Deut-*

sche, Arzt und Wundarzt. Trotz des großen Misstrauens der Marokkaner hatte Rohlfs viel Zulauf. »Meinen großen ärztlichen Ruf in Marokko verdankte ich denn auch nicht den Umständen, dass ich Medizin studiert hatte, (…) sondern es hatte seinen Grund darin, dass ich vorher Christ gewesen war. Nach dem Glauben der Mohammedaner ist Jesus der größte Arzt gewesen, und sie meinen, er habe den Christen eine Menge wundertätiger Heilmittel hinterlassen. So wurden denn oft zu mir die verzweifeltesten Fälle gebracht. ›Der Sohn des Jesus (mit arabischem Namen: Uld ben Aissa) wird uns schon helfen können‹, meinten sie.«

Aufgrund seiner erfolgreichen Heilkunst wurde Gerhard Rohlfs schon bald zum Leibarzt des Sultans ernannt, mit dem Privileg, auch die Haremsfrauen zu behandeln, was noch nie einem Mann erlaubt worden war. Gleichwohl kehrte der Deutsche nach Tanger zurück, wo er seine bisherigen Reiseaufzeichnungen im britischen Konsulat hinterlegte, ehe er im Juli 1862 erneut gen Süden aufbrach. Über L'Araisch und Rabat folgte er der Atlantikküste bis nach Casablanca, das damals Dar-beida hieß, was »weißes Haus« bedeutete, und wo nicht mehr als dreihundert Seelen lebten.

*

Von Tanger nach Casablanca lief ich durch fruchtbare Ebenen mit riesigen Obst- und Gemüseplantagen, wo ich die blumigen Aromen geheimnisvoller Blütenessenzen schnupperte. Von Ort zu Ort erlebte ich einen Kosmos mit exotischen Stimmen und intensiver Farbenpracht. In Moulay-Bousselham, einem kleinen Dorf mit fotogenem Küstenstreifen, wo sich das Wasser der fisch- und vogelreichen

Lagune Merdja Zerga mit dem heranrollenden Atlantik vereinte, erwischte mich ein Unwetter. Heftige Böen durchkämmten das Meer, trieben schäumende Wellenherden auf den Strand. Palmenhaine und Oleanderbüsche bogen sich im Wind, dessen Gejohle bis hinauf zu den Hütten und Häusern drang, die auf einer Anhöhe lagen. Dort fand ich in einem kleinen Lokal Unterschlupf. Bei einem Glas Thé à la Menthe und einem köstlichen Fisch mit Zwiebeln, Knoblauch, Rosinen und Mandeln, den mir der Wirt Mohammed servierte, erfuhr ich, dass das Fischerdorf nach dem Dorfheiligen Moulay-Bousselham benannt worden war, der im 10. Jahrhundert hier gelebt hatte. Jedes Jahr im September ehrt man den Heiligen mit einem großen Fest: Reiterspiele werden dann veranstaltet. Und zu großen Feuern wird am Strand getanzt, während die Luft vom Klang der Trommeln und dem »Zagarit« erfüllt ist, dem schrillen Freudentriller der arabischen Frauen.

Weiter südlich war das Gehen, entlang der ins Meer abfallenden Atlantikküste, ein herrliches Unterwegssein. Der salzige Geruch der See mischte sich mit dem Duft von Jasmin, Minze und Zitrusfrüchten, bis ich mich Casablanca näherte. Zu beiden Seiten der Asphaltstraße erstreckten sich kilometerlange Müllhalden, auf denen Scharen von Krähen, Raben und Störchen im Unrat stocherten. In der Luft hing ein grauenhafter Gestank. Menschen hausten zwischen Wellblech- und Pappkartonwänden, die weder Sturm noch Regenflut standhalten konnten. Grauweiße Betonbauten und zahllose Fabriken säumten den Küstenstreifen. Und im Zentrum von Casablanca: Moderne Wohnhäuser mit prächtigen Palmenvorgärten. Mittendrin die gigantische Hassan-II.-Moschee. Mit seinem 210 Meter hohen Minarett gilt dieses Gotteshaus, dessen 20 000 Quadratmeter große Gebetshalle 25 000 Gläubigen Platz bietet, als höchstes religiöses Bauwerk der Welt.

Nur eine Nacht blieb ich in Casablanca. Dann folgte ich weiter Gerhard Rohlfs' Route, der sich am Atlantik einer Karawane angeschlossen hatte, um über Safi nach Marrakesch zu gelangen. Marokkos »rote Stadt« wurde nach ihren karminroten Hausfassaden benannt. Ihr pulsierendes Herz schlägt mitten in der Altstadt, auf dem Djemaa el Fna, einem Platz vom Ausmaß zweier Fußballfelder. Von früh bis spät drängen sich hier die Menschen auf dem wohl faszinierendsten Jahrmarkt Afrikas. Zu Zeiten von Gerhard Rohlfs war es der »Versammlungsplatz der Geköpften«, wo die kahlgeschorenen Häupter von hingerichteten Aufrührern auf hohen Holzpfählen zur Schau gestellt wurden. Heute trägt der Djemaa el Fna im Volksmund einen sehr viel passenderen Namen: »Platz der Gaukler«.

Vor allem am Abend sah ich hier Akrobaten, Schlangenbeschwörer, Märchenerzähler, Musikanten, Wahrsager, Affenbändiger, Wunderdoktoren, Barbiere, Grill- und Imbissstände, Wasserverkäufer und Zahnausreißer, die auf einem Holztisch die gezogenen Zahnruinen ihrer Patienten als Beweis ihrer Fähigkeiten präsentierten. Und immer wieder Buden mit Datteln, Nüssen, Apfelsinen, Kräutern, Tomaten und Kartoffeln – oder Läden mit geflochtenen Körben, Tüchern und Silberarbeiten. Nicht zu vergessen die kleinen Freiluftrestaurants, von denen verführerische Gerüche aufstiegen – und Tänzer, die ihre schweißglänzenden Körper im schnellen Rhythmus der Trommeln und Tamburine bewegten.

Zwei Tage streifte ich durch Marokkos Königsstadt, sah den Ménara-Garten, die Ruinen des El-Badi-Palastes, die 500 Jahre alte Koranschule, das Viertel der Ledergerber am

Rande der zwölf Kilometer langen alten Stadtmauer, die Koutoubia-Moschee, deren 77 Meter hohes Minarett aus dem 12. Jahrhundert als Wahrzeichen von Marrakesch gilt, und die Saadier-Gräber, die letzte Ruhestätte einer mächtigen Dynastie. Erwartungsvoll betrat ich das Mausoleum, das aus dem »Saal der zwölf Säulen« und dem »Saal der drei Nischen« besteht. Hier sah ich Faszinierendes zuhauf: ein prachtvoll dekorierter Sarkophag, die Decke aus blattvergoldetem Zedernholz und grün-blauem Kachelmosaik, der Boden und die Säulen aus Carrara-Marmor. All das lässt die einstige Macht der Saadier nur erahnen, deren Grabstätte erst 1917 durch Zufall bei Bauarbeiten wiederentdeckt wurde.

Ich verließ Marrakesch mit einer kleinen Maultierkarawane. Vier stattliche Tiere mit grauem, zottigem Fell. Ihre Rücken waren mit schweren Gepäckkörben beladen, die Ahmed, ein bescheidener Berber von etwa vierzig Jahren, auf den Markt nach Agadir bringen wollte. Ich hatte Ahmed in einem Café auf dem Djemaa el Fna kennengelernt. Bei einigen Gläsern Tee waren wir uns nähergekommen, und ich erfuhr, dass er mit seiner Frau und vier Kindern unweit von Marrakesch in den Bergen lebte, wo er auf einem kleinen Feld Gewürze und Obst anbaute.

»Das reicht gerade so zum Leben«, meinte er.

Doch hin und wieder reiste er mit seinen Eseln nach Agadir, weil er dort für seine Waren mehr Geld bekam als in Marrakesch. Spontan fragte ich Ahmed, ob ich ihn zum Atlantik begleiten dürfe. Ahmed stimmte sofort zu, nachdem wir einen Preis für die Wegstrecke ausgehandelt hatten, den ich ihm gerne bezahlte. Ein Honorar (so um die 50 Euro), das ihn in freudige Stimmung versetzte und mir das Gefühl vermittelte, nun ganz ähnlich unterwegs zu sein wie einst Gerhard Rohlfs.

Um ehrlich zu sein: Ich hatte keine Ahnung vom Reisen mit Eseln. Oft war ich mit Kamelen in der Wüste unterwegs gewesen, doch den Umgang mit Eseln hatte ich nie gelernt. Deshalb machte ich auch keinerlei Anstalten, auf einem Maultier zu reiten. Zu groß war mein Respekt vor diesen eigenwilligen Tieren. Lieber wanderte ich hinter der kleinen Karawane her oder führte einen Esel im Schlepptau, was aber auch nicht einfach war: Manchmal entschied sich mein Esel für einen anderen Tritt als den, den ich vorgab, wollte in eine andere Richtung, wenn ein paar Pflänzchen am Wegesrand verlockendes Futter boten, oder er blieb plötzlich stehen und zeigte seinen Sturkopf.

Auf alten Ziegenpfaden, die in Serpentinen durch das Atlas-Gebirge führten, wanderten wir in südwestlicher Richtung. Immer wieder gab der schmale Weg unter unseren Schritten nach. Das knirschende Geröll wirkte wie ein Kugellager aus Steinmurmeln. Wir mussten höllisch aufpassen, dass die Füße genügend Halt fanden. Vorbei an hohen Felsflanken und verwitterten Schluchten, deren Wände in einer Farbskala von Ocker über Braun bis Rot leuchteten, folgten wir halsbrecherischen Passwegen mit 18 Prozent Steigung und 18 Prozent Gefälle.

Abwärtsgehen, wenn die Knie- und Sprunggelenke gestaucht werden und sich die Zehen in den Schuhkappen wund scheuern, ist wahrlich nicht mein Ding. Doch die Bergpanoramen waren phantastisch, entschädigten für alle Plackerei.

Auch Gerhard Rohlfs war vor 150 Jahren vom Atlas-Gebirge fasziniert gewesen, als er mit einer Karawane zwischen Zedernwäldern, Schneegipfeln und üppig grünen Tälern unterwegs war. Begeistert schrieb er: »Es fehlt mir die Gabe, die Großartigkeit der Natur zu schildern. In diesen Urwäldern bemerkte ich zahlreiche Lärchenbäume von solchen Dimensionen, wie ich sie nie gesehen hatte. Nach meiner Ansicht beträgt ihr Umfang drei bis vier Meter. Auch die Steineichen sind hier von unglaublicher Höhe und Mächtigkeit. Oft versperren uns gestürzte Stämme den Weg. Reiten wir über Lichtungen oder sehen wir Berghänge, so sind diese bedeckt von Alpenrosen, Maiglöckchen und Butterblumen. Weit oben glänzt und blitzt der Schnee. Ich glaube mich in der Schweiz zu befinden, wo sie am schönsten ist, aber nicht auf den Hochpässen des Mittleren Atlasgebirges.« Gleichwohl mussten die Männer seiner Karawane, zum Schutz vor Löwen, seinerzeit hohe Zäune aus Dorngestrüpp errichten, wenn am Abend das Lager aufgebaut wurde.

Löwen brauchten Ahmed und ich auf unserer fünftägigen Wanderung nicht zu fürchten; die gibt es schon lange nicht mehr im Bergland des Atlas. Auch Regenfälle und Sturm verschonten uns, sodass wir nachts unter freiem Sternenhimmel schliefen oder als Gäste in kleinen Berberdörfern übernachteten. Wie Vogelnester klebten die flachen Wohnwürfel an den Berghängen, umgürtet von einigen Palmen und winzigen Feldern, deren Bewässerung durch Gräben erfolgte, die wiederum von tiefen Brunnen gespeist wurden. Viele Kanäle waren unterirdisch miteinander verbunden. Wahre Meisterwerke nordafrikanischer Baukunst.

*

Jeden Tag waren wir vor Sonnenaufgang auf den Beinen, tranken in der kühlen Bergluft den ersten heißen Tee und aßen etwas Fladenbrot mit Orangenmarmelade. Dann der Aufbruch: Wir beluden die Maultiere und machten uns auf den Weg. Stunde um Stunde rutschten wir im Geröll, zwängten uns durch piesackendes Gedörn oder mannshohe Steinklötze, während die schwerbeladenen Maultiere ächzten und sich unter ihren Hufen immer wieder Steine lösten, die in die Tiefe sprangen. Kieselschutt schoss hinterher. Zitternd liefen die Esel weiter, und Ahmed erzählte mir so ganz nebenbei, dass eines seiner Tiere vor zwei Jahren in den Abgrund gestürzt war.

Je weiter wir die Berghänge abstiegen, desto feinkörniger wurde der Sand auf den Trampelpfaden. Doch Sand war das eigentlich gar nicht, es war hellgraubrauner Verwitterungsgrus, der durch Wind, Regen und extreme Temperaturunterschiede von den Felsblöcken abgeschliffen wurde. Ein pulverartiges Material, das Teil der bizarren Landschaft war, die manchmal Dalís paranoid-surrealistischen Bildern glich.

In der Dämmerung des fünften Tages stieß unsere Esel-Karawane auf eine Schlaglochpiste. Bald darauf erreichten wir die Asphaltstraße, die uns zur Atlantikküste nach Agadir führte. Eine Hochburg des Tourismus. Zwischen Luxushotels und Apartmenthäusern, Surfschulen und Cafés gönnte ich mir ein paar Tage Strandleben.

Ganz anders erging es Gerhard Rohlfs, der hier erneut all sein Hab und Gut verlor. Wieder war es sein Begleiter, der ihn in der Nacht seines Geldes beraubte und mit dem Esel und den Gepäckkörben floh. Völlig mittellos ließ sich Rohlfs als Treiber von Packtieren anstellen und reiste mit einer Karawane von dreißig Dromedaren nach Osten, zur Oase Taroudannt, wo ihn eine Infektion mit heftigen Fieberschüben plagte.

Um nach Taroudannt zu gelangen, wanderte ich auf einer geteerten Landstraße oder folgte dem Flussbett des Oued

Souss. Schon von weitem sah ich die rot-gelbe Lehmmauer der ehemaligen Hauptstadt der Saadier. Der alte Wehrwall mit einer Länge von acht Kilometern umschloss das einstige Handels- und Handwerkszentrum der marokkanischen Souss-Ebene. Bis ins 16. Jahrhundert hinein galt Taroudannt dank eines regen Gold- und Sklavenhandels als eine der schönsten und reichsten Städte Marokkos. Als die großen Karawanen ausblieben, verfiel die Stadt zunächst und gewann erst wieder durch den Rebell El Hiba an Aufmerksamkeit, der zu Beginn des 20. Jahrhunderts in Taroudannt seinen Sitz hatte und von hier aus gegen die Franzosen kämpfte.

Mein Weg in die Stadt führte durch üppige Obstplantagen, die sich kilometerweit erstreckten. Grün und fruchtbar war das Land. Zwischen dunkelgrünen Blättern entdeckte ich Zitronen und Orangen, während in der Ferne die schneeweißen Gipfel des Hohen Atlas leuchteten.

Im Gassenlabyrinth von Taroudannt zeigte sich mir dann die ganze marokkanische Alltagswelt. Ich spazierte durch die überdachten Souks, in denen Handwerker Silberschmuck, Waffen sowie Leder- und Kupferschmiedearbeiten lautstark anboten. Auf dem Place Assarag, mit den zahlreichen Hotels und Cafés, aß ich in einem Restaurant unter Arkaden einige leckere Lamm-Spießchen mit Dörrpflaumen, Rosinen und Fladenbrot sowie einen *Salade marocaine*: sechs Schälchen mit unterschiedlich zubereiteten Gemüsesorten, exotisch gewürzt. Im Hintergrund zupfte irgendwo ein Musiker auf einem Saiteninstrument.

Tags darauf versorgte ich mich mit neuem Proviant und Wasser. Dann zog ich weiter nach Osten. Vorbei an Teppichen aus Weizenfeldern, passierte ich hügelige Aprikosen- und Olivenplantagen, ehe es in eine zerklüftete Bergwildnis ging. Einheimische erzählten, dass hier noch Wölfe, Hyänen und Schakale lebten, denen ich aber nirgendwo begegnete. Stattdessen fiel der Wind in Abständen mit eisiger Kälte von den Gipfeln und stürzte sich mit jäher Wucht auf mich. Wilde Böen zerrten am Rucksack und an der Kleidung. Ich schlug den Jackenkragen hoch, zog die Mütze in die Stirn und nahm den Kopf zwischen die zusammengezogenen Schultern – und marschierte einfach weiter.

Jenseits von Ouarzazate, einer ehemaligen Festungsstadt mit etwa 100 000 Einwohnern, die zwischen den Gebirgsketten des Hohen Atlas und des Antiatlas liegt und als Drehscheibe für den Verkehr nach Südmarokko gilt, änderte die Landschaft ihr Gesicht. Deutlich nahm die Vegetation nun ab, sodass einige Hirten, die ich traf, ihre Ziegen und Schafe auf einem Boden grasen ließen, der nur noch von Stoppeln bedeckt war.

Gerhard Rohlfs litt in dieser Region unter einer ruhrartigen Darminfektion mit hohem Fieber, sodass ihm gar nicht bewusst war, dass er als erster Europäer einen bislang unbekannten Gebirgszug durchwanderte, der fünfzehn Jahre später von dem englischen Geographen Hooker den Namen »Antiatlas« erhielt. Eine rund 500 Kilometer lange Bergkette, die vor Millionen von Jahren entstanden war, als gigantische Kräfte das Massiv aus der Erdkruste drückten. Wind und Wetter gaben dem eindrucksvollen Bergland in Jahrtausenden Schliff und Form.

Rohlfs' Weg durch das Gebirge führte ihn an die Grenze seiner Leistungsfähigkeit. Die anstrengende Arbeit als Kameltreiber hatte ihn ebenso geschwächt wie sein angegriffener Gesundheitszustand. Zudem gingen seine Schuhe kaputt und die Füße rissen auf. Er war froh, als das Gebirge überwunden war und die Karawane den Drâa erreichte, den längsten Fluss Marokkos, der, aus dem Hohen Atlas kommend, sich durch die Saghro-Berge fräst und nach Süden fließt, bis er hinter der Oasenstadt Zagora – nach 1200 Kilometern – in der Wüste versickert.

Als ich mich dem Drâa näherte, hatte ich den Eindruck, der Fluss wäre eine riesige braune Schlange, die sich durch einen dichten Grüngürtel schlängelte. An einer fast einhundert Kilometer langen Oasenkette wuchsen mehr als eine Million Palmen. In dichter Folge drängten sich hier auch die Ksour, die Dörfer der Berber. Und wenn ich einen der kleinen Orte besuchte, kamen sofort Kinder gelaufen und boten mir frische Datteln in Plastiktütchen an. Die Männer saßen im Schatten der Häuser, hielten ein Schwätzchen und ließen die Zeit verstreichen, während die Frauen ihre Wäsche an seichten Flussstellen wuschen oder die bunten Kleidungsstücke auf Büschen und Steinen zum Trocknen auslegten.

Weiter flussabwärts traf ich auf Dutzende von Kasbahs. Unter diesem arabischen Begriff hat man sich eine Wohn- und Speicherburg in eigenwilliger Formgebung vorzustellen. Anmutig ragen die mehrstöckigen Stampflehmgebäude in den blauen Himmel, bestehend aus Wohnturm und Wehrmauer, flankiert von kleineren Ecktürmen, verziert mit Ornamenten und geometrischen Mustern.

Ahmed, ein zwanzigjähriger Berber in brauner Djellaba, schlank und schnurrbärtig, gewährte mir einen Einblick in eine der Kasbahs, die von seiner Familie bewohnt wurde. Durch ein Gängelabyrinth führte er mich in die zahlreichen Räume, die aus luftgetrockneten Lehmziegeln gebaut waren. Die Decken bestanden aus Palmstämmen und Schilfrohr. Das Erdgeschoss diente den Ziegen, Schafen und Eseln als Stall, während in der oberen Etage der Wohnbereich lag.

Neben einigen Schränken standen hier kleine Tische mit Geschirr. Davor einige Sitzkissen sowie ein großes Matratzenlager mit bunten Decken. In einer Ecke befand sich die Kochnische mit Töpfen und Pfannen. Alles war sehr zweckmäßig eingerichtet, aber dennoch gemütlich. Auffällig waren die Türklopfer, die in Form einer erhobenen Hand gefertigt waren. Es war die Hand der Fatima, der Tochter des Propheten Mohammed, die beim Zimmereintritt den »bösen Blick« abwenden soll.

*

Jenseits des Drâa wurde die Landschaft wieder karger. Staubtrocken war die Erde, stahlblau der Himmel. Ich lief durch eine bizarre Dürre, in der es fast nur noch Geröll, Sandklumpen und Felsen gab. Gleichwohl musste es hier irgendwo Wasser geben, denn hin und wieder sah ich einige Flächen mit Steppengras, ein paar Oleanderbüsche, Flechten, Latschen und einzelne Bäume, die alle paar Kilometer als Schattenspender im ausgedörrten Land standen. Zudem traf ich auf winzige Felder, auf denen Berber- oder Beduinenfamilien Zwiebeln, Möhren und Nüsse angebaut hatten. Eine Art Schrebergartenkultur in der Weite einer Steppenlandschaft.

Als wäre dieser Landstrich nicht schon von Wassermangel, Trockenheit und heißen Winden genug geplagt, erlebte ich hier ein Millionenheer von Wüstenheuschrecken, die über eine Anzahl von Hütten und kleinen Feldflächen herfielen: Ich hatte gerade einen namenlosen Ort in der weiten Steppe erreicht, nur eine Ansammlung von Hütten, wo ich mich mit frischem Wasser versorgen wollte, als sich urplötzlich der Himmel verdunkelte. Die Luft war erfüllt von einem unglaublichen Surren. Dann wirbelte eine diffuse Wolke heran, die aus Millionen von Heuschrecken bestand. Ein Schwarm fingergroßer Tiere in den Farben von braun bis rosa. Die Oasenbauern in Marokko bezeichnen die Heuschreckenschwärme als »lebende Teppiche des Teufels«. Der Koran nennt sie »Zähne des Windes«. Nicht ohne Grund. Mit zischendem Flattern stürzten sich die Insekten auf die nicht gerade üppigen Gemüsefelder, fraßen sich in die grünen Flächen. Es war wie ein Hagelsturm. Männer, Frauen und Kinder liefen aufgeregt und schreiend durch das zirpende Geflatter, schlugen mit Tüchern und Decken in die Heuschrecken-Trauben, lärmten mit Kochtöpfen und Blechkannen, machten Feuer, um die fliegenden Vielfraß-Leiber zu verbrennen oder zu ersticken. Doch jeder Abwehrkampf war vergebens. Mit scharfen Kiefern nagten die Wüstenheuschrecken an Blättern und Ähren, zerrten an den Stielen der Pflanzen. Ganze Bäume wurden entlaubt, Äste fielen zu Boden. Wohin ich auch lief, überall waren Heuschrecken. Sie brodelten bis zu den Knöcheln am Boden, flogen mir ins Gesicht, verfingen sich in den Haaren, griffen mit ihren zuckenden Beinen nach Hemd und Hose.

Dreißig Minuten dauerte der Spuk. Dann stürzte sich die schwirrende Masse der Wüstenheuschrecken zum Weiterflug in den Wind und hinterließ Wut und Tränen.

*

Immer tiefer führte mich nun die Reiseroute von Gerhard Rohlfs in die marokkanische Wüste hinein. Mein Schritttempo war ruhig und gleichmäßig, denn zu schnelles Gehen führt in der Wüste zu rascher Erschöpfung. Aufmerksam achtete ich auf die Beschaffenheit des Bodens. Dieses Nie-ganz-Berechenbare unter meinen Füßen erforderte beharrliche Konzentration, nicht nur des Körpers, sondern auch des Kopfes. Wenn ich Stunde um Stunde auf schotterge-spicktem, felsigem oder weichem sandigem Untergrund laufe, muss ich größtmögliche Vorsicht walten lassen, wobei ich meine Schritte, je länger ich unterwegs bin, irgendwann ganz intuitiv setze.

Zudem kommt es beim Gehen in der Wüste darauf an, sich einen anderen Umgang mit der Zeit anzueignen. Während mir die Zeit im Alltag oft davonläuft, um all die Dinge zu erledigen, die ich mir vorgenommen habe, und ich ständig unter Zeitknappheit leide, entfaltet sich beim Gehen in der Wüste die Zeit wie ein riesiger Korridor. Die zu erledigenden Dinge sind hier begrenzt, und mein normales Zeitempfinden gerät aus den Fugen. So komme nicht nur ich zur Ruhe, sondern auch die Zeit. Völlig unabhängig von Stunden und Minuten verlangsame ich beim Gehen meinen Lebensrhythmus, sodass sich auch die Zeit in meiner Wahrnehmung dehnt. Manchmal merke ich nicht einmal mehr, dass es sie gibt. So ist das Zu-Fuß-Reisen für mich ein wunderbares Mittel, um die rasende Zeit gelegentlich zu drosseln. Eine Erfahrung, mit der ich durch die grenzenlose Weite laufe, wo die Einsamkeit zu einer sinnlichen Rückeroberung der kleinen Dinge wird. Und wo es nicht wichtig ist, in welcher Zeit man eine Strecke zurücklegt. Wichtig ist nur, dass man seine Etappenziele gesund erreicht und all das Erlebte nicht nur wahrnimmt, sondern auch jeden Moment bewusst genießt und eine neue innere Zufriedenheit erlangt.

*

Über Nkob, Beni-Mellal, Tazzarine und Alnif lief ich von Oase zu Oase, wanderte von Tag zu Tag durch eine karge, raue Weite, in der ich immer wieder auf Fußabdrücke von Menschen, Kamelen und Eseln stieß. In Schlangenlinien reihten sie sich eng aneinander, führten als endlose Kette über den verwitterten Boden. Für mich waren es nicht einfach nur frische Abdrücke im Sand. Mir galten sie gewissermaßen als Spuren von Gerhard Rohlfs, der, beseelt von dem Gedanken, eines Tages zur legendenumwobenen Wüstenstadt Timbuktu zu gelangen, seine Reiseroute so exakt beschrieben und skizziert hatte, dass ich eineinhalb Jahrhunderte später problemlos seiner Wegstrecke folgen konnte.

Manchmal, wenn ich im Schatten einer kleinen Palmgruppe oder unter einer Akazie mein Biwak errichtete, faszinierte mich der Gedanke, dass Gerhard Rohlfs vor über 150 Jahren vielleicht an der gleichen Stelle gelagert hatte. Und am Abend, wenn ich allein unter dem sternengespickten Himmel saß und in den Reiseberichten des deutschen Afrikaforschers las, hatte ich das Gefühl, als wäre er mir ganz nahe.

Anderntags, wenn ich mit festen Schritten über den ausgedörrten Boden lief, als bezöge ich all mein Vertrauen aus den Fußsohlen, hatte ich sogar das Gefühl, als würde Gerhard Rohlfs – wie ein imaginärer Gefährte – an meiner Seite gehen, wenngleich uns mehr als eineinhalb Jahrhunderte trennten. Doch das Unterwegssein als Suchender – im Äußeren wie im Inneren – empfand ich als dünnen Faden, der mich mit ihm verband.

Zudem spürte ich gelegentlich beim ruhigen Voranschreiten das Gefühl der Atemlosigkeit, was aber nichts mit meinem Schritttempo zu tun hatte. Vielmehr waren es die Leere der Weite und die Stille, die mir den Atem nahmen. Es war mir unmöglich, die Größe dieses mondkargen Naturraums zu begreifen. Und trotz der sich oft gleichenden Kulissen speicherte ich ein Feuerwerk an Eindrücken, entdeckte ästhetisch Bedeutsames und nahm manche Landstriche geradezu als metaphysische Verheißung wahr. Mehr noch. Ohne jede Ablenkung war ich in der kargen Stille und Einsamkeit mein eigener Beobachter, sodass die Wüste zu einem Ort der Selbstkonfrontation wurde. Das waren nur einige Erkenntnisse, die ich beim Unterwegssein in den Weiten aus Sand und Stein machte, die ich zu Hause in Deutschland niemals erfahren hätte.

Anderntags hörte ich beim Gehen in der Wüste ferne Stimmen. Es klang, als würde jemand singen. Kurz darauf traf ich einige Berber, die mit ihren Ziegenherden unterwegs waren. Mit ihren Liedern verscheuchten sie die Einsamkeit. Für viele Wüstenbewohner sind Lieder eine zweite Sprache. Sie erzählen vom harten Leben der Bauern, von der Liebe, von der Gesundheit, vom Wind und von der Weite.

Am Abend saß ich mit den Hirten im Halbkreis um ein flackerndes Feuer. Die Gesichter der Männer waren von der Sonne und der Trockenheit gezeichnet und dennoch voller Kraft und Heiterkeit. Sie erzählten von ihren Sorgen und ihren Freuden – und vom Glück des Lebens. In einer Blechschüssel wurde aus Mehl, Wasser und Salz ein Teig geknetet, zu einem Fladen geformt und in der glühenden Asche gebacken. Auch mit all dem Ruß, dem Sand und der Asche schmeckte das Brot wunderbar. Dazu gab es Tomaten, Zwiebeln und Schmierkäse. Und natürlich den stark gesüßten Minzetee. Aus einer rußgeschwärzten Blechkanne wurde er aus großer Höhe in die kleinen Gläser geschenkt. Eine jahrhundertealte Zeremonie.

*

Vorbei an der Bergkette des Jebel Ougnat, die im Norden verläuft und deren Gipfel bis zu 1700 Meter aufragen, wanderte ich über den mehr als 800 Meter hohen Pass von Tikkert-n-Ouchchane immer weiter nach Osten. Ich kam in das dreißig Kilometer lange Tafilalt-Tal, das sich zwischen den Flussläufen Oued Ziz und Oued Rheris erstreckt. Eine 5000 Quadratkilometer große Ebene mit mehr als 350 000 Dattelpalmen. Mittendrin liegt die Oasenstadt Erfoud, das Zentrum der Region. Vor einigen Jahren hatte ich hier im Oktober das traditionelle Dattelfest erlebt, eine Art Erntedankfeier. Ganze Dorfgemeinschaften waren auf den Beinen, um das hübscheste Berbermädchen zur Dattelkönigin zu wählen, die neben einer begehrten Krone eine kiloschwere Bernsteinkette erhielt. Bunte Festzüge mit orientalisch gekleideten Musikern zogen durch die Straßen und ließen ihre Trommeln und Tamburine erklingen; Bauern standen klatschend und tanzend neben ihren Holzkarren oder Lkws, auf deren Ladeflächen sich Berge von Datteln türmten; Männer in wehenden Gewändern ritten mit gottesfürchtigen Allahu-Akbar-Rufen über staubige Plätze, und farbenfroh herausgeputzte Frauen trillerten ihre schrillen Gesänge.

Als Gerhard Rohlfs vor 150 Jahren das palmenreiche Tafilalt erreicht hatte, lebten hier rund 100 000 Menschen, die den verschiedensten Berber- und Araberstämmen angehörten. Schon damals galt diese Region als größte Ansammlung benachbarter Oasen. Schwer beladene Karawanen brachten Salz, Gold und auch Sklaven aus Schwarzafrika hierher. Nur ein Europäer, der Franzose René Caillié, hatte damals das Tafilalt vor Rohlfs gesehen, der diesen Ort völlig erschöpft erreichte. In einer Moschee suchte er Ruhe. »Ich hatte mich, müde wie ich vom Wege war, schlafen gelegt,

fand mich aber unangenehm erweckt durch einen Fuß-
tritt. Vor mir stand ein Scherif, er fragte, wer ich sei, wie
ich hieße, was ich wollte. Wie gewöhnlich antwortete ich,
ich sei ein zum Islam übergetretener Deutscher namens
Mustafa (ich machte nie Hehl daraus, dass ich übergetreten
sei, und konnte das auch nicht, da ich zu der Zeit das Arabische noch sehr mangelhaft sprach).«

Misstrauisch durchsuchten die Einheimischen Gerhard
Rohlfs' Kleider. Als ein alter Pass gefunden wurde, hielt
man den Deutschen für einen Spion der Franzosen. Die
Angst vor französischen Übergriffen war damals so groß,
dass Rohlfs nach Rissani geschleppt wurde, eine Oase im
äußersten Südosten Marokkos. Dort residierte der Kaid
des Sultans. »Glücklicherweise aber traf ich im Kaid des
Sultans einen Mann, der schon irgendwo einen Pass gesehen haben musste, oder doch wusste, welche Bewandtnis es
damit hatte.« Doch auch der Kaid konnte die aufgebrachten
Oasenbewohner nicht beruhigen, die Rohlfs getötet hätten,
»wenn nicht zur rechten Zeit ein marokkanischer Prinz,
nach der Meinung vieler der rechtmäßige Sultan von Marokko, herbeigekommen wäre: Mulei Abd-er-Rhaman-ben
Sliman.«

Ihm gelang es nicht nur, die erregte Menge zu besänfti-
gen, sondern er gewährte Rohlfs auch Gastfreundschaft. Im
Haus seines Beschützers erholte sich der Deutsche rasch,
praktizierte sogar eine Zeit lang als Arzt und verdiente sich
etwas Geld für die Weiterreise, die ihn schließlich – per
Karawane – über Ertib zur Oase Boanan führte, wo ein
Scheich ihn freundlich empfing. Doch als der von Rohlfs'
Barschaft erfuhr – sechzig französische Taler und einige
marokkanische Münzen –, drängte er den Deutschen zur
Weiterreise.

Nicht ahnend, dass der Scheich ihn außerhalb der Oase ausrauben wollte, brach Rohlfs mit einem Führer und einem Diener zu der Oase Knetsa auf, wo er sich einer größeren Karawane anschließen wollte, um seine Reise durch Nordafrika fortzusetzen. Vier Stunden wanderte Rohlfs mit seinen Begleitern über steinigen Schutt und tiefen Wüstensand, ehe das Nachtlager in der Nähe eines Flusses eingerichtet wurde. Gleich nach dem Abendessen wickelten sich der Deutsche und sein Diener hundemüde in die Decken, während sein Guide ein großes Feuer entzündete, das dem Scheich den Weg weisen sollte.

Mitten in der Nacht wurde Gerhard Rohlfs von einem heftigen Knall geweckt. Zugleich spürte er im linken Arm einen höllischen Schmerz. Über ihm »stand der Scheich der Oase (…), die rauchende Mündung seiner langen Flinte war noch auf meine Brust gerichtet«, schreibt Rohlfs in seinem Tagebuch. Zum Glück hatte der Scheich nicht sein Herz getroffen, »sondern nur meinen linken Oberarm zerschmettert; im Begriff mit der Rechten meine Pistole zu ergreifen, hieb nun der Scheich mit seinem Säbel meine rechte Hand auseinander. Von dem Augenblick sank ich auch schon durch das aus dem linken Arm in Strömen entquellende Blut wie tot zusammen. Mein Diener rettete sich durch Flucht.

Als ich am folgenden Morgen zu mir kam, fand ich mich allein mit neun Wunden, denn auch noch, als ich schon bewusstlos dalag, mussten diese Unmenschen, um mich ihrer Meinung nach vollkommen zu töten, auf mich geschossen und eingehauen haben. Meine sämtlichen Sachen, mit Ausnahme der blutgetränkten Kleider, hatten sie weggenommen. Obgleich das Wasser nicht weit von mir entfernt war, konnte ich es nicht erreichen, ich war zu entkräftet, um mich zu erheben, ich versuchte mich hinzurollen, alles vergebens, ich litt entsetzlich vom brennenden Durste.«

In diesem hilflosen Zustand zwischen Leben und Tod schwebte Gerhard Rohlfs zwei Tage. Später notierte er: »Ich hatte dann die schrecklichsten Visionen. Manchmal glaubte ich Leute zu sehen und strengte nun alle Kräfte an, um sie herbeizurufen, aber immer war es Täuschung. Hauptsächlich quälte mich die fürchterlichste Angst, von Hyänen und Schakalen angefallen und lebendig verzehrt zu werden.«

Am dritten Tag wurde Gerhard Rohlfs von zwei Wüstenbewohnern gefunden, die ihn auf einem Kamel in die Oase Hadjui brachten, wo man seine schweren Verletzungen versorgte. Der linke Arm, der nur noch an ein paar Muskel- und Hautfetzen hing, schien verloren. Doch durch einen festen Tonverband wuchs der zersplitterte Oberarmknochen wieder zusammen, wenn auch leicht verkürzt. Und auch die Schusswunde am Oberschenkel sowie die Verletzungen an der rechten Hand heilten. Drei Finger blieben aber zeitlebens steif.

Es zeugt von einer ungeheuren Beharrlichkeit und Energie, dass Gerhard Rohlfs trotz all der erlittenen Verletzungen seine Afrikareise fortsetzte. Er schlug sich nach Algerien durch, passierte das über 2000 Meter hohe Sahara-Atlas-Gebirge und traf in dem französischen Militärposten Géryville seine ehemaligen Kameraden von der Fremdenlegion, die ihn gastlich aufnahmen. Schließlich reiste er weiter nach Algier, wo er seinen Bruder Hermann traf, der ihn zurück nach Deutschland holen wollte. Doch Gerhard Rohlfs blieb in Algier, versorgte seine Wunden und plante einen zweiten Versuch, um nach Timbuktu zu kommen.

Sein Bruder Hermann kehrte indessen in die Heimat zurück. Im Gepäck Rohlfs' Tagebücher, die August Petermann in Gotha, ein Förderer der deutschen Afrikaforschung, in seinen *Geographischen Mitteilungen* veröffentlichte. Das Erscheinen von Rohlfs' Reisebericht wurde mit großem Interesse aufgenommen. Auf einmal galt er nicht mehr als bloßer Abenteurer, sondern wurde als Afrikaforscher ernst genommen, dem man weitere bedeutende Entdeckungen in Afrika zutraute. Stattliche Geldbeträge flossen ihm nun zu, unter anderem vom Bremer Senat, von der Londoner Königlich-Geographischen Gesellschaft sowie von seinem Bruder Hermann, sodass Rohlfs im August 1863 von Algier zu einer neuen Wanderung aufbrach. Er reiste nach Tanger, durchquerte erneut Marokko und gelangte bis nach Ghadames und Tripolis. 1865 durchquerte er die Sahara bis zum Golf von Guinea – nach Timbuktu schaffte er es hingegen nie.

Später führten ihn Expeditionen nach Äthiopien und in die Libysche Wüste, nach Ägypten und Sansibar. Faszinierende Reisen, durch die er in ganz Europa großes Ansehen als Afrikaforscher erlangte. Und seine fesselnden Reisebeschreibungen machten ihn zum Publikumsliebling seiner Zeit.

*

Während Gerhard Rohlfs auf seiner ersten großen Afrikareise die marokkanischen Tafilalt-Oasen in Richtung Norden verließ, um Algier zu erreichen, wanderte ich über die Oase Rissani nach Süden. Mein Ziel war das Dünenmeer Erg Chebbi. Um dorthin zu kommen, musste ich über eine ausgedehnte schwarze Ebene laufen, die die Einheimischen Hammada nennen. Eine dunkle Sand- und Steinfläche, geprägt durch die Ausscheidungen von Manganoxiden. Im flimmernden Sonnenlicht entstanden über diesem Landstrich, der so flach wie ein Billardtisch war, wundersame Luftspiegelungen. Oft schienen graublaue Seen in der Luft zu schweben.

Noch eindrucksvoller war der Kontrast, als die dunkle Hammada auf die gelben Erg-Chebbi-Sanddünen stieß, die weit in die Sahara reichen. Beduinen nennen die größte Wüste der Welt »Bahr bela ma«, Meer ohne Wasser. Ein gewaltiger Naturgroßraum, in dem sich mir auf vielen Wanderungen phantastische Landschaften offenbarten, die einen Reisenden in seinen körperlichen und seelischen Grundfesten erschüttern können.

So erlebte ich es auch im südmarokkanischen Sandmeer des Erg Chebbi. Im Licht der späten Nachmittagssonne bot sich mir ein grandioser Ausblick. Fünfzig bis siebzig Meter hohe Dünen, geformt vom Wind, die wie gefrorene Wellen wirkten, erstreckten sich bis zum Horizont. Ein Ozean aus orangegelbem Sand. Im ersten Moment wollte ich kaum glauben, was sich da für eine Landschaft vor meinen Augen ausbreitete. Ein Raum, so groß, so still, so verlassen. Doch dann fühlte ich mich inmitten dieser grenzenlosen Sandweiten seltsam geborgen. Das Ideal einer Symbiose mit der Natur. Hier musst du bleiben, fuhr es mir durch den Kopf. Aber wie?

In einer nahe gelegenen Kasbah-Unterkunft, die sich am Fuße der Sandberge befand, besorgte ich mir Proviant und Wasser, ehe ich tags darauf in das Dünenmeer zurückkehrte und mir ein kleines Lager einrichtete. Eine Art Stützpunkt, von dem aus ich jeden Tag durch eine wundersame Dünenwelt stapfte, um eine Ahnung davon zu bekommen, welches Geheimnis sich hinter den Sandbergen verbarg.

Vom frühen Morgen bis zur Abenddämmerung streifte ich durch unberührte Sandwellen, die vom Wind zu langen Ketten verflochten waren. Ich stapfte die Dünen hinauf und die Dünen hinunter, lief in Stiefeln, in Sportschuhen und auch barfuß, wobei ich den Sand hautnah spürte. Er war so fein wie Samt und schluckte jedes Echo meiner Schritte.

Ich erlebte Tage, in denen ich mehr dem Wind lauschte als meinen Gedanken; Tage, in denen die Stille so vollkommen war, dass ich glaubte, mein Blut in den Ohren rauschen zu hören; Tage, in denen ich in die Weite hinaussah und plötzlich die Ermutigung spürte, in mich selbst hineinzuschauen; Tage, in denen sich mir auch das Geheimnis der Sandberge offenbarte. Die Antwort lag auf der Hand, war ganz offensichtlich: Die Sanddünen an sich hatten kein Geheimnis. Vielmehr bewegten mich ihre Erscheinung, ihre Formenvielfalt, ihre Leere, ihre Stimmungen zwischen Licht und Schatten. Ich selbst war es, der das Sandmeer zu dem machte, was es für mich vom ersten Blick an war: Ein Abbild der Vollkommenheit, nach der ich mich sehnte. Wie ein Spiegel warfen die Sandberge jene offenen Räume auf mich zurück, die ich ihnen zugesprochen hatte und die sich auch in meinem Inneren befanden. Offene Räume voller unbegrenzter Freiheit, die ein unerwartetes Geschenk waren.

Als ich wieder in Deutschland war, merkte ich, dass ein Teil von mir in der Wüste zurückgeblieben war. Und dass ich irgendwann wieder dahin musste.

11

»DU MUSST WIE EIN KAMEL GEHEN!«

Von Nomaden lernen

Vorwärts denn! Ich bin ein Fußgänger, nicht mehr.

ARTHUR RIMBAUD

Mehr als zwei Dutzend Mal bin ich in die unterschiedlichsten Wüsten der Welt aufgebrochen. Und wenn ich all die Monate zusammenzähle, die ich in den grandiosen Einöden verbracht habe, komme ich auf mehr als fünf Jahre. Es waren die außergewöhnlichsten Jahre meines Lebens. Dort ließ ich ein Stück meiner Seele und einen großen Teil der Energie zurück, die meine Jugend angefacht hatte. Und noch heute bin ich begeistert von den Landschaftskulissen der Sand-, Stein- und Gebirgswüsten, weil deren atemberaubende Bühnenbilder von Weite und Einsamkeit wie das Antlitz eines fremden Planeten wirken.

Aber was wären diese märchenhaften Wüstenlandschaften ohne ihre außergewöhnlichen Bewohner: Wettergerbte Menschen, die, in weite Tücher gehüllt und um den Kopf einen wildgeschwungenen Turban gewickelt, als Halbnomaden ihr Vieh hüten. Mich berührte ihre Beharrlichkeit und ihr Durchhaltevermögen in einer schier unendlichen und rauen Gegend.

Seit ich die Menschen der Wüste näher kennenlernte, habe ich davon geträumt, irgendwann mal einen alten, weisen Mann zu treffen – so einen aus Kindheitsträumen, dem ich am Fuße einer Sanddüne begegne, unter dem schattigen Schirm einer Akazie, in einer abgeschiedenen Felshöhle oder am Rand einer palmenumsäumten Oase. Dieser alte Mann sollte mir den ganzen Sinn und Unsinn unserer Welt erklären. Davon träumte ich. Doch so einen alten, weisen Mann habe ich auf meinen Wanderungen nie getroffen. Stattdessen war ich immer wieder Gast in den unterschiedlichsten Nomadengemeinschaften und nahm am Leben der Einheimischen teil, wobei ich nie in die Kleidung der Beduinen schlüpfte, um in landestypischem Outfit zu reisen. Lieber trage ich ein weites Hemd, eine Trekkinghose mit mehreren Taschen und leichte Wanderstiefel oder Sportschuhe. Nur den *Tagelmust*, den Wüstenturban, benutzte ich auf allen meinen Wüstenwanderungen: ein vier bis sechs Meter langes Tuch, das man um den Kopf wickelt – zum Schutz vor Sonne, Sand und Staub.

Zum Faszinosum des Wüstenlebens zählte für mich von Anfang an der Verzicht. Ich fühlte mich regelrecht angefasst von der Genügsamkeit der Nomaden, egal, in welcher Einöde ich unterwegs war, ob bei den Beduinen im Oman oder in der ägyptischen Sinai-Wüste, bei den Tuareg in der Sahara, bei den Turkana in der kenianischen Kaisut-Wüste oder bei den Uiguren in der Wüste Gobi. Überall lernte ich, auf Dinge zu verzichten, die in unserem übertechnisierten Zivilisationsalltag vollkommen selbstverständlich sind: Computer, Handy, Fernsehen, Kühlschrank, Auto. Beim Leben und Wandern mit den Wüstenbewohnern lernte ich, ohne diese vermeintlich wichtigen Dinge der modernen Welt auszukommen – und es gefiel mir. Hingerissen von der

Einfachheit des nomadischen Lebens begriff ich, dass der Fortschritt der Menschheit nicht an technischen Errungenschaften bemessen werden sollte, sondern eher daran, ob wir unser Leben miteinander menschlicher und toleranter gestalten.

Fast in jedem Dorf oder Zeltlager wurde ich mit Wohlwollen aufgenommen, obgleich die Lebenssituation vieler Nomadenstämme von Armut und Hunger gekennzeichnet war. Doch in der Achtung vor dem Nächsten offenbarten sie mir ihre selbstlose Gastfreundschaft und zeigten trotz ihres harten Daseins kaum Bitternis. Stattdessen war das Leben vieler Familien von großer Heiterkeit geprägt, als hätten sie für sich den Sinn des Lebens erkannt.

Oft lebte ich viele Wochen oder Monate bei einem Nomadenstamm, zog mit ihnen umher und erfreute mich am natürlichen und bescheidenen Leben. Dank des »Mitlebens« bei den unterschiedlichsten Wüstenbewohnern, die sich an jeden Mangel angepasst und ihre eigenen Bedürfnisse auf das Notwendigste beschränkt haben, habe ich die Welt mit ganz anderen Augen gesehen – und ich habe viel dazugelernt, habe Werte und Dinge neu erfahren, die in unserer »zivilisierten« Gesellschaftsordnung zu entschwinden drohen. Mein Bewusstsein für das Wesentliche wuchs – und die Wiederentdeckung des Einfachen hat mein Leben und Denken geprägt und verändert, hat mich demütiger und dankbarer gemacht. Ich habe gelernt, mit dem, was man hat, zufrieden zu sein, statt dauernd nach mehr zu verlangen. Das hat mich wesentlich freier gemacht.

Es ist schon seltsam, dass ich eine große Portion meines Glücks an so weltentlegenen Orten gefunden habe, die ebenso unwirtlich wie wunderschön sind. Vielleicht muss man einfach ein bisschen verrückt sein, um freiwillig – für eine gewisse Zeit – ein nomadisches Dasein voller Entbehrungen zu leben, mit Menschen, deren Kultur grundlegend anders ist als meine. Doch wenn ich zu Hause in Hamburg geblieben wäre, hätte ich niemals so prägende Erfahrungen machen können. Vielleicht hätte ich manche Dinge des Lebens nie so schätzen gelernt: Toleranz, Vertrauen, Freundschaft, Zusammenhalt, Liebe. Und vielleicht hätte ich nie erfahren, was bei einem Leben in der Wüste wirklich wichtig und was unwichtig ist. Wichtig ist das Elementare: ein Fladen Brot, eine Handvoll Reis, ein Schluck Wasser, wenn die Zunge am trockenen Gaumen klebt, ein wärmendes Feuer, wenn die Kälte der Nacht sich über der Weite ausbreitet, ein Gespräch, wenn die Einsamkeit ihre schwermütigen Finger nach mir ausstreckt – und vor allem Hilfsbereitschaft.

Zu dieser Thematik passt auch ein Gedicht der Tuareg:

Was gibt es Besseres als Datteln aus Touat,
Milch von den Ziegen,
Fleisch, weichgeklopft zwischen zwei Steinen
oder zerkleinert im Mörser,
als Salz aus Tidikelt, ganz fein gestampft?

Was gibt es Besseres auf dem Ahal
als die gleiche Behandlung für alle?

Was gibt es Besseres für das Kamel
als die Tamaghe-Pflanze aus dem Izehan-Tal
und eine gute Aufzucht?

Oft war mein Leben bei den Nomaden auch eine harte Zeit der Prüfungen, und nur meine übergroße Liebe zur Wüste

DIE GLEICHMÄSSIGE GANGART DER KAMELE LERNTE ICH BEI
DEN NOMADEN IN DER SAHARA. IN IHRER EINFACHHEIT IST
DIESE GANGART REINSTES ZEN.

und zum Nomadendasein gab mir die Kraft, all die anfänglichen Widrigkeiten zu ertragen. Manchmal habe ich einen zähen Kampf mit mir ausgefochten: Wer gewinnt die Oberhand – der Europäer oder der Nomade? Aller Anfang ist eben schwer. Doch von Reise zu Reise spürte ich, dass das Mitleben unter den Einheimischen der Schlüssel war, um in eine fremde Welt einzutauchen, die mir zum Lehrmeister wurde. Ich lernte rudimentäre Wortschätze verschiedenster Sprachen, um mehr über das Leben der Nomaden und ihre Bräuche zu erfahren, lernte, wie man allein in der Wüste zurechtkommt, wie man dort lebt und überlebt, wie man sich in die Einöde einfügt, statt sie zu fürchten, wie man den richtigen Lagerplatz findet, wo man nach Wasser sucht und wie man seine Angst – vor Einsamkeit, Sandsturm und Schlangen – in den Griff bekommt. Auch lernte ich die Sternennavigation, um mich nachts zu orientieren, schlief im Zelt oder unter freiem Himmel und ernährte mich von Hirsebrei, Fladenbrot und Kamelmilch.

Von Wanderung zu Wanderung passte ich mich an die nomadische Daseinsform an und spürte, dass es in der Wüste nicht um weltliche Genüsse, sondern um geistige Freuden ging. Mehr als die Sicherheit, die dem Zivilisationsmenschen so wichtig ist, lieben die Nomaden die Freiheit. Zudem habe ich beim Gehen, Sitzen und Liegen in der grandiosen Einöde niemals den Kontakt zum natürlichen Boden verloren. Vielleicht ist es gerade das, was einen beim Wüstenwandern so erdet.

Mit der Zeit lernte ich auch die Kunst des Kamelreitens. Ich erfuhr, wie man ein Kamel, das zusammengeklappt am Boden hockt, aufrichtet, wie man es mit routinierten Griffen am Kopfseil lenkt und welche Laute man ausstoßen muss, um sein Tier vom Schritt in den Trab zu bringen. Vor allem aber lernte ich, dass das Zu-Fuß-Reisen in der Wüste eine andere Gangart erfordert. Denn: »Wenn du unsere Kameltrecks begleiten willst, muss du lernen, wie ein Kamel zu gehen«, teilten die Beduinen mir mit. Keine einfache Sache, weil mein Körper beim Gehen mittlerweile auf einen für mich genau passenden Pausenplan eingestellt war.

Ein Kamel dagegen kann stundenlang ohne zu rasten im gleichförmigen Tempo voranschreiten. Sie sind Meister des nimmermüden Trotts, gehen von morgens bis abends etwa vier bis fünf Kilometer in der Stunde, ohne Pause. Ganz gleichmäßig und monoton bewegen sie ihre hohen X-Beine wie ein Metronom. Ihre Bewegungsart ist der Passgang, bei dem immer drei der tellergroßen Füße mit den Schwielensohlen den Boden berühren und das Körpergewicht tragen. Dieses seltsame Auffußen erschien mir anfangs ziemlich tölpelhaft. Doch je länger ich das gleichmütige Wesen der Kamele kennenlernte, desto mehr empfand ich das gleichförmig-schaukelnde und fließende Dahinschreiten als majestätisch.

Zunächst musste ich aber erst einmal lernen, barfuß zu gehen – auf Sand, auf Geröll und auf felsigem Untergrund, um meine Füße fester und widerstandsfähiger zu machen. Ich entwickelte einen anderen Blick für meine Schritte. Achtete sehr viel sorgfältiger darauf, wohin ich trat, sodass mir das Barfußlaufen zu einem naturgemäßen Leben in der Wüste verhalf. Nur: Bei großer Hitze war es mir unmöglich, ohne Schuhe den brennend heißen Erdboden zu betreten.

Endlich passten sich meine Schritte auch an die gleichförmige Gangart der Kamele an. Meine Blicke richteten sich zwar noch immer konzentriert auf die Beine der Tiere, doch mehr und mehr konnte ich nun neben den Wüstenschiffen herlaufen, mit großen Schritten, in gleichmäßigem Takt und steter Folge. Dieser immer gleiche Gehrhythmus schliff sich mit der Zeit in mein Gehirn so sehr ein, dass ich fast schlafwandlerisch mit einem Kamel Schritt halten konnte. In ihrer Einfachheit ist diese Gangart sogar reinstes Zen. Damit meine ich die Meisterung einer bestimmten Technik, um – wie bei mir – die Schrittfolge eines Kamels zu beherrschen.

Doch nicht nur die Kamele haben einen ungewöhnlichen Gang. Auch die Nomaden unterscheiden sich in ihrer Art des Gehens oft von uns Europäern. Selbst heute noch erleben viele Wüstenbewohner ihre Umwelt weitgehend aus der Fußgängerperspektive. Ihre Körperhaltung ist dabei meist aufrecht, fast grazil, selten vornübergebeugt. Ihr gleichmäßiger Gang gleicht oft einem seltsamen Schlurfen oder Huschen, während ihre Füße fest auf dem unwegsamen Erdreich auftreten. Meist stecken ihre Füße in handgenähten Lederpantoffeln oder Plastiksandalen, die aus dem Gummi alter Autoreifen gefertigt sind und die bei jedem Schritt ein knallendes Geräusch verursachen, wenn die Sandale gegen die nackte Fußsohle schlägt. Andere laufen barfuß, verfügen seit Kindesbeinen über eine dicke Schicht Hornhaut und wandeln beinahe tänzelnd neben ihren Kamelen dahin, als würde ihnen das Gehen auf einer verwitterten Felstrümmerlandschaft kaum etwas ausmachen.

Auch im 21. Jahrhundert haben viele Wüstenbewohner die Nähe zur Natur und ihren Blick für all die tausend Kleinigkeiten, die die Magie des Lebens ausmachen, nicht verloren, obschon die sogenannte Zivilisation den Lebensraum der Nomaden durch rücksichtslose Veränderungsprozesse immer mehr einschränkt. Noch immer hat das Leben vieler nomadischer Gemeinschaften »Hand und Fuß«.

Noch immer begreifen sie ihre archaische Welt mit ihren Händen und Füßen. Von frühester Jugend an begleitet sie der Tastsinn, sehr viel mehr als den »zivilisierten« Menschen. Und wenn sie in der uralten Gangart ihrer Vorväter die Karawanen mit rhythmisch-monotonen Schritten begleiten, haben sie noch immer die Achtsamkeit und die Ruhe im »inneren Gepäck« dabei. Doch wie lange noch?

12

GEHEN ÜBER LAVA UND EIS

Unterwegs auf Island

Schau dir die Natur genau an
und du wirst alles besser verstehen.

ALBERT EINSTEIN

Blankes Eis knirschte und knackte unter meinen Stiefeln. Schritt auf Schritt krallten sich die Steigeisen in den
brüchigen Untergrund. Langsam, aber stetig stiegen wir
über ein erstarrtes Wellenmeer aus Eis, mühten uns eine
mächtige Gletscherzunge hinauf, auf deren zerklüfteter
Kruste die Schöpfung noch am Werk war. Wir hörten
das Poltern der Lawinen, die in der Ferne neue Rinnen
aufrissen, und alle paar Minuten brachen Eismauern mit
donnerndem Getöse in sich zusammen, öffneten sich
Spalten, in deren Tiefe manchmal Schmelzwasserströme
zum Gletscherrand rauschten. Wenn wir uns zum Ver-
schnaufen auf die Rucksäcke setzten – in denen nur das
Notwendigste steckte: Sturmzelt, Iso-Matte, Schlafsack,
warme Kleidung, Notapotheke, Kochutensilien und Proviant für drei Tage –, sahen wir ringsum phantastische Eis-
gebilde, die Kirchtürmen und Pyramiden glichen, sahen,
wie sich gefrorene Skulpturengärten mit tiefen Senken
ausbreiteten, in denen sich blaugrüne Schmelzwasserseen

gebildet hatten. Ein Ausblick, der uns nicht von dieser Welt zu sein schien.

Wir, Christopher Landerer, ein guter Freund und Fotograf, und ich, befanden uns im Südosten Islands, auf einer Gletscherzunge des Vatnajökull, der nicht zu Unrecht »Wassergletscher« heißt. Dieser größte Gletscher Europas, der bis zu 2000 Meter aufragt und sich über eine Fläche von rund 8000 Quadratkilometern erstreckt (mehr als halb so groß wie Schleswig-Holstein) ist ein gewaltiges Reservoir gefrorenen Wassers, das die Flussläufe von Ost- und Südisland speist.

Vor zehn Tagen waren wir auf die Insel im Nordmeer gekommen, um die größte Lavawüste der Erde zu durchwandern. Zudem hatten wir uns vorgenommen, den Vatnajökull-Gletscher zu besteigen, auf dessen unwirklichem Eispanzer sich die Quelle des »Gletscherflusses auf den Bergen« befand, den die Isländer Jökulsá á Fjöllum nennen. Und diesen ungestümen Wildwasserfluss wollten wir in einem leichten Faltboot befahren.

In Reykjavik, der nördlichsten Hauptstadt der Erde, hatte unsere Reise begonnen. Der Himmel war hoch aufgerissen und vor einem tiefen Blau trieben weiße Wolken. In der ganzen Stadt herrschte Heiterkeit, als wir durch die Straßen und um den Tjörnin, den Stadtsee spazierten. Alles erschien uns niedlich klein. Eine Art Liliput-Reich. Die Wellblechdächer der Häuser leuchteten im Sonnenlicht in farbenfrohem Rot, Gelb, Blau und Grün. Und auch das neue Reykjavik glänzte, das die umliegenden Hügel mit Wohnstätten aus Beton überzog, der auch schwersten Erdstößen widerstehen soll.

Richtig groß erschien uns dagegen die Kirche, die wie der hochaufgerichtete Steven eines Schiffes wirkte, das im

Sturm durch wilde Wellen pflügt. Eine Reminiszenz an die seetüchtigen Wikinger, die die Nordmeerinsel einst besiedelten. Anno 879 soll der Wikinger Ingólfur Arnarson, ein Widersacher des norwegischen Königs Harald Schönherr, sein Schiff in eine einsame Bucht mit Rauchfahnen gelenkt haben, nachdem er die geschnitzten Bildpfeiler seines Hochsitzes über Bord geworfen hatte, damit die Götter ihm eine Passage zur Anlandung weisen sollten. Als der nordische Kolumbus mit seinen Männern das Neuland betrat, sah er überall Rauchfahnen, die aus dampfenden Quellen aufstiegen. So kam es, dass er diesen Ort »Rauchbucht« nannte, was auf Isländisch »Reykjavik« bedeutet.

Bald darauf erreichte Flóki Vilgerdarson mit seinem Drachenschiff die isländische Nordwestküste. Nicht weit von einem Fjord, der vollständig mit Packeis überzogen war, ließ er sich mit seiner Familie nieder und gab der neuen Heimat den Namen »Eisland«.

*

Von Reykjavik aus holperten wir im Überlandbus und per Geländewagen auf Asphaltbändern und Schotterpisten. Es ging über geborstene Erde mit zahllosen Buckeln und Querrillen. Dieses Land, mit seinen hunderttausend Quadratkilometern (das Zweieinhalbfache der Schweiz), zog uns sofort in seinen Bann. Wir erlebten eine Insel, auf der die Wunder zu Hause waren. Überall zischte, dampfte, brodelte und schäumte es.

Island ist eine Bühne, auf der die Natur mit lauter Stimme spricht. Es ist das Land der Vulkane und Geysire. Viele Orte, Berge und Flüsse sind von Sagen, Geheimnissen und uralten Rätseln umhüllt. Es ist das Reich der tiefen Wolken und der leichten Regenschauer. Und wenn nicht gerade der Sturm heult, ist schönes Wetter. Zudem hört man von Trollen, die in den Bergen hausen und Menschen rauben, und von Elfen, die mit ihrem Liebreiz den Reisenden um den Verstand bringen.

Auf dieser Bühne nordischer Mythologie sahen wir jeden Tag großartige Szenerien, die uns fesselten: graubraune Ebenen mit verkrüppelten Birken oder kniehohen Farnen, über denen zarte Regenbogenschleier hingen; tosende Wasserfälle, die aus großer Höhe in brodelnde Tiefe stürzten; nackte Bergflanken aus rotem Liparit-Gestein, die mäandernde Flusstäler säumten; endlose Hügelwellen, aus denen einsame Bauernhöfe ragten; windbewegtes Wiesengrün, auf dem kleine Islandponys mit geblähten Nüstern gegen den Wind anliefen; zimtfarbene Gebirgsketten, deren Schneegipfel wie weiße Zipfelmützen leuchteten; glasklare Seen und steile Felswände, an denen Papageitaucher, Kormorane, Dreizehenmöwen, Trottellummen und Küstenseeschwalben nisteten, deren Geschrei die Meereswellen übertönte, die auf dem flachen Strand ausrollten oder gegen senkrechte Klippen klatschten. Und immer wieder schmale Pfade und steinige Wege, die uns zu Gipfeln und geheimnisumwitterten Höhlen führten, die in der kühnen Phantasie mancher Isländer als die mythologische Burg Asgard oder als Eingang in die Unterwelt Helheim gelten. Nicht zu vergessen das reizvolle Spiel der Wolken, die uns manchmal greifbar nahe schienen. Dort hinein, in die weißblaue Unendlichkeit, konnten wir unsere Gedanken denken und ihnen freien Lauf lassen.

Nirgendwo sonst fühlte ich mich den Wolken und der Glut der Erde so nahe wie im Norden Islands, wo wir in dem kleinen Ort Reykjahlid am Mývatn-See den Franzosen

Jean-Paul trafen, der mit seinem Landrover Island erkundete. Als er hörte, dass wir ins Landesinnere wollten, bot er sofort seine Hilfe an und fuhr mit uns tags darauf in eine Welt aus grauschwarzem Lavageröll. Unter blauem Himmel ging es in eine von Kratern übersäte Mondlandschaft hinein, die durch zahllose Ausbrüche des Vulkans Askja entstanden war. Ein menschenleeres Gebiet, das den Namen Ódáðahraun trägt – »Lavafeld der Missetäter«. Viele Sagen ranken sich um die 4550 Quadratkilometer Trostlosigkeit, diese größte Lavawüste der Erde, in der sich früher die Geächteten, die Vogelfreien verkrochen und dahinvegetierten, bis Hunger und Naturgewalten ihrem Leben ein Ende setzten.

Als ein großes Schneefeld jede Weiterfahrt unmöglich machte, verabschiedeten Christopher und ich uns von Jean-Paul und schulterten das Gepäck: ein Faltboot in zwei Packsäcken, die Ausrüstung samt Lebensmitteln sowie Kamera-Equipment. Diese vulkanische Region, so waren wir uns einig, konnte man nicht intensiver erleben als zu Fuß.

Am Ende war es aber doch eine harte Prüfung. Was soll man auch erwarten von einer 120 Kilometer langen Strecke durch eine Lavawüste?

Das Gehen auf den scharfkantigen Lavafeldern, mit Spalten und Verwerfungen, mit Kraterburgen und tiefen Kesseln, war nicht einfach. Unsere Füße, die in bis zur Wade reichenden Schnürstiefeln steckten, waren durch dicke Sohlen geschützt. Gleichwohl setzten wir jeden Schritt äußerst konzentriert. Ein Fehltritt hätte schon genügt, um auf der brockenübersäten Weite zu stürzen. Kein Wunder, dass wir erschrocken zusammenzuckten, wenn blätterteigähnliche Lavabrocken unter unseren Stiefeln zerbrachen und wir mit einem Ausweichschritt die Balance suchten.

Auch das Gehen in der gelbsandigen Flut der Lapilli-Felder war nicht einfacher. Immer wieder sanken die Stiefel im weichen Lavasand ein. Und unser Tempo konnte ich von einem Auf-der-Stelle-Treten kaum unterscheiden.

Diese leblose Landschaft, die erstarrte Glut aus dem Erdinneren mit dem kalten Licht des Nordens vereinte, in der weder Bäume noch Sträucher wuchsen und sich nur da und dort giftig schimmernde Moose oder kümmerliche Pflanzen an das schroffe Gestein krallten, wirkte auf mich wie die Kulisse eines fremden Planeten. Je mehr wir uns dieser Natur anvertrauten, desto geheimnisvoller wurde sie. Und je weiter wir in diese unbewohnte Vulkanlandschaft vordrangen, desto schwieriger wurde es, die gewaltigen Eindrücke zu verkraften. Wenn Nebelschwaden um uns herum wogten, den umherschweifenden Blick einschränkten und bizarre Lavafiguren in unserer Phantasie zu Trollen und Kobolden wurden, hatte dieses Land eine Aura des Besonderen. Natürlich wussten wir, dass diese Fabelwesen nur Einbildung waren, doch es fiel uns nicht leicht, zwischen Wirklichkeit und Phantasie zu unterscheiden. Mehr noch. Manchmal, wenn der Wind klagende Laute zwischen den neblig-verhangenen Lavafiguren zu uns herübertrug, war es, als hätte sich unser Hören auf die Haut verlagert. Was nützt schon das Wissen, dass man sich von beängstigenden Empfindungen nicht täuschen lassen soll, wenn unheildrohende Gefühle in einem hochkriechen?

Schon am zweiten Tag, als wir die vorherrschenden Farben dieser Landschaft – schwarz und granitgrau – verinnerlicht hatten, wurde uns klar, weshalb die NASA in den sechziger Jahren des 20. Jahrhunderts diese Gegend als Übungsgelände für die Apollo-Astronauten ausgewählt hatte: Es gibt wohl kein anderes Gebiet auf der Erde, das der

DER GEFRORENE EISPANZER DES ISLÄNDISCHEN
VATNAJÖKULL-GLETSCHERS WIRKTE AUF MICH WIE DIE
KULISSE EINES SCIENCE-FICTION-FILMS.

Mondoberfläche so ähnlich ist. Hier, in dieser vulkanischen Region, könnte der nordische Mythos vom sterblichen jungen Lichtgott Balder entstanden sein, der von den dunklen Mächten getötet wurde. In die Unterwelt verstoßen, durfte er nur wiederkehren, wenn alle Dinge (Steine, Metalle) und Lebewesen um ihn weinten.

*

Nach fünf Tagen in der Ódáðahraun-Wildnis erreichten wir den reißenden Flusslauf des Jökulsá á Fjöllum am Fuße des Vatnajökull. Abgekämpft warfen wir unser Gepäck auf den Boden und schauten zum weißglänzenden Gletschermassiv hinauf, dessen Eisvolumen auf über 3000 Quadratkilometer geschätzt wird. Wir sahen riesige Eisblöcke, die mit explosionsartigem Krachen von der kalbenden Gletscherkante brachen, auf einen blauschimmernden See trieben und allmählich schmolzen.

Abends im Zelt schliefen wir kaum. Zu sehr spielte unsere Phantasie mit den Gefahren, die uns da draußen auf dem Gletscher erwarteten. Doch wie befreit fühlten wir uns am frühen Morgen, als wir bei herrlichstem Wetter unsere Rucksäcke schulterten, die dunklen Gletscherbrillen aufsetzten und uns an den Aufstieg machten. Mit Steigeisen, Eispickel und speziellen Gletscherkarten stiegen wir einen gigantischen Eisbruch hinauf, voller Risse und Löcher. Bis zum Horizont dehnten sich ganze Ketten von zerborstenen Eishügeln, die wie aufgewühlte Wellen eines erstarrten Meeres wirkten.

Es war schon ein merkwürdiges Gefühl, wenn das Eis unter den Schritten ächzte und knirschte oder sich irgendwo Steinbrocken lösten und polternd über die Eishänge rutschten. Ehrfurcht und Furcht gaben sich die Hand. Und je länger wir zwischen den welligen Eiswülsten unterwegs waren, desto mehr konnten wir die unglaublichen Kräfte des Gletschers spüren. Angesichts der grandiosen Mächtigkeit des Vatnajökull fühlten wir uns winzig, aber zugleich größer und erhabener als je zuvor.

Ganz behutsam gingen wir über riesige Teppiche aus hauchzarten Eisblumen, die in Blau, Türkis, Grün und Violett leuchteten, passierten klaftertiefe Spalten, trügerische Schneebrücken und Blockmeere, die uns wie bedrohliche Ungetüme erschienen. Wir kletterten über steile Wülste und abschüssige Flanken, vorbei an gefrorenen Barrieren und lawinenschwangeren Überhängen, während der Schnee im Licht der Sonne geheimnisvoll flimmerte. In dieser faszinierenden Eiswelt, deren Moränenflanken mit Schutt und Geröll beladen waren, die zu schroffen Felswänden aufragten, fanden wir auf dem zerklüfteten Spaltenkorridor keinen optimalen Schrittrhythmus. Zu brüchig und zerborsten war die Oberfläche der Gletscherstraße, auf der ein einziger unbedachter Tritt eine Katastrophe bedeuten konnte.

Es kam, was kommen musste: Als Christopher, der selbst in den schwierigsten Gletscherpassagen fotografierte und immer mehr zurückblieb, stieg ich allein weiter. Behutsam zwängte ich mich durch eine enge Eisschlucht – und plötzlich, während ich noch staunend die senkrechten Kristallwände emporblickte, zerbrach unter meinem rechten Fuß der gefrorene Boden. Wie ein Reißverschluss öffnete sich die Eiskruste. Nur mit Glück fand ich Halt und stand am Rand einer sich neu bildenden Gletscherspalte. Schmelzwasser gurgelte in die Tiefe.

Adrenalinschübe setzten mir zu. Was, in Gottes Namen,

machte ich eigentlich hier? Warum saß ich nicht irgendwo im Warmen, trank einen heißen Kaffee und las ein gutes Buch? – Wieder einmal die Frage nach dem Warum. Warum die Anstrengungen? Warum die Gefahren? Sinn? Logik?

Ich habe auf meinen Reisen niemals nur das Abenteuer gesucht. Entweder bin ich schicksalhaft in gefahrvolle Situationen hineingeraten, oder ich bewältigte abenteuerliche Gegebenheiten als Hindernis, da sie zwischen mir und meinen selbstgesuchten Zielen standen. Gestehen muss ich allerdings, dass ich manche bedrohlichen Augenblicke – seltsamerweise – genossen habe, in denen jede Sekunde des Lebens intensiv spürbar war. Auf der Suche nach Sinn und Selbsterfahrung spürte ich, dass grenzüberschreitende Momente eine verwandelnde Kraft in sich bergen. Stets habe ich aber versucht, durch Erfahrung und sorgfältige Vorbereitung, mögliche Gefahren und Risiken auf ein Minimum zu beschränken. Adrenalinkicks waren für mich nie Motivation.

Was mir aber immer wieder wie eine Sucht ins Blut fährt, das ist die Intensität des Erlebens, das Gefühl einer unbändigen Freiheit, ausgelöst durch das Unterwegssein in ursprünglicher Natur. So war es auch auf Islands Vatnajökull, als ich am Rand der Gletscherspalte stand und irgendwann behutsam weiterging, mit Eisnadeln im Bart und dem tränentreibenden Wind im Gesicht.

*

Bis kurz vor Mitternacht stiegen wir auf dem Eispanzer höher und höher, schwitzten vor Anstrengung trotz eisiger Kälte. Eigentlich hätte es schon finsterste Nacht sein müssen, doch in der andauernden Helligkeit des isländischen Sommers hing noch immer ein breiter Streifen Licht am Himmel.

Wir hatten unser Biwak kaum errichtet, mit Eisschrauben auf der Gletscherkruste – so weit wie eben möglich – gesichert und uns in die Schlafsäcke verpackt, als heftiger Wind aufkam, der zu einem Sturm anwuchs. Heulende Zischlaute, die sich zu einem schaurigen Brüllen steigerten, erfüllten die Luft. Eisnadeln kratzten an den Zeltwänden. Manchmal drückte die Wucht der Windböen so stark gegen unsere kleine Behausung, dass wir um unser Biwak fürchten mussten.

In dieser Nacht fanden wir kaum Ruhe. Sorgenvolle Gedanken purzelten durcheinander, während wir auf ein Nachlassen des Sturms hofften.

Der nächste Morgen begann mit einer Überraschung. Der Sturm hatte schlagartig nachgelassen. Und als ich den Kopf ins Freie steckte, lag ein wolkenloses Blau über dem Gletscher. Wie Silber flimmerten die Strahlen der Sonne, die sich fächerartig auf den zerrissenen Eisflächen ausbreiteten. Es war, als würden sich die Gletscherläufe bis in den Himmel erstrecken. Gleichwohl fühlten wir uns von der stürmischen Nacht noch immer wie betäubt, und es dauerte eine Weile, ehe wir die friedvolle Stimmung des frühen Morgens in uns aufnehmen konnten.

Schließlich kochten wir Tee und aßen etwas Brot mit Mettwurst, was unser Gemüt belebte. Dann packten wir die Rucksäcke und ließen uns von dem herrlichen Wetter weiter aufwärts treiben. Erneut stiegen wir Stunde um Stunde über zerklüftete Eisbarrieren und kantige Schollen, die wie riesige Eisschuppen wirkten. Je höher wir kamen, desto härter war die Schneeschicht auf der Eiskruste gefroren.

Ich weiß nicht mehr, wie lange wir an diesem Tag unterwegs waren und einen gangbaren Weg durch die gefrorenen Korridore suchten. Unser Zeitgefühl hatten wir längst verloren, als wir inmitten einer ausgedehnten Schneefläche den Kverkfjöll-Berg erreichten. Unvermittelt brach das Gelände jäh vor uns ab und verschwand im Nichts. Vorsichtig traten wir an ein riesiges Eisloch heran, das durch aufsteigende heiße Dämpfe in den Gletscherpanzer geschmolzen worden war. Ein Loch, so groß, dass ein ganzer Lkw problemlos darin Platz gefunden hätte. Der Blick in den Abgrund verschlug uns die Sprache. Mindestens siebzig Meter fiel der Schacht in die Tiefe. Und im Dunkel des Eisloches hörten wir auf dem Schottergrund mehrere Schmelzwasserströme mit Getöse zusammenfließen. Sie bilden schließlich den Jökulsá á Fjöllum, der einer der atemberaubendsten Wildwasserflüsse Islands ist und sich durch Geröll und Eis einen unterirdischen Weg hinaus in die Ódáðahraun-Wüste bahnt.

Müde hockten wir am Rand des tiefen Schachtes auf unseren Rucksäcken, hingen unseren Gedanken nach und starrten in die dunkle Tiefe, aus der es rauschte und toste. Wir hatten unser Ziel erreicht, doch Freude wollte nicht so recht aufkommen. Zu müde waren Kopf und Beine. Also saßen wir schweigend einfach nur da, bis ich irgendwann ein Flattern in der Luft bemerkte. Als ich hochblickte, sah ich einen schwarzen Vogel. Es war ein Rabe, der Vogel Odins, der in der nordischen Mythologie als Göttervater gilt. Mit wilden Flügelschlägen zog der Rabe eine ganze Weile über uns seine Kreise, ehe er über dem gleißenden Weiß des Gletschers verschwand – wie ein Wesen aus einer anderen Zeit.

Beim Abstieg nahm ich diese magischen Momente mit,

während uns drachengleiche Wolkenschleier bis zu unserem Lager am Fuße des Vatnajökull begleiteten.

Zwei Tage später setzten wir unser Faltboot ins Wasser und folgten dem ungestümen Flusslauf des Jökulsá á Fjöllum durch die Lavawüste zum Nordmeer. Doch das ist eine andere Geschichte.

13

GEHEN, UM SPIRITUALITÄT ZU ERFAHREN

Mit Ehrfurcht und Demut durch die Natur

Wohin du auch gehst,
geh mit deinem ganzen Herzen.

KONFUZIUS

Schon immer ist eine Wanderung durch die Wüste nicht nur ein Natur- und Kulturerlebnis, sondern auch ein spirituelles, denn die schier grenzenlosen Weiten aus Sand und Stein offenbaren dem Reisenden eine nahezu magische Welt, in der die Zeit einen anderen Rhythmus zu haben scheint. Die ebenso karge wie bizarre Landschaftskulisse einer Wüste bietet ideale Bedingungen für spirituelle Eingebungen. Einerseits ist sie ein Ort absoluter Lebensfeindlichkeit, der schon vielen Menschen zum Verhängnis wurde; andererseits gilt sie aufgrund ihrer extremen Einsamkeit und ozeangleichen Weite als eine Region, in der der Mensch sich ein größeres Gegenüber schuf und religiöse Glaubensrichtungen entstanden, die, trotz vielfältiger Anfeindungen, seit Jahrtausenden Bestand haben. Vielen Juden, Christen und Muslimen gilt die Wüste als Ursprungsland des Glaubens. Dort fanden Moses, Jesus und Mohammed ihren Zugang zu Gott; dort nahm das

Göttliche Gestalt an und verband die Vergänglichkeit mit dem Ewigen.

Seit ich als Zwölfjähriger eine bilderreiche Bibel geschenkt bekam, interessierte ich mich für das Mysterium Gottes, doch erst mit Anfang dreißig beschäftigte ich mich intensiv mit der biblischen Schöpfungslehre und anderen Glaubensrichtungen, die mir auf meinen Reisen begegneten. Vor allem die Wüstenvölker, die ich beim Unterwegssein traf und in deren Dörfern ich Wochen oder Monate lebte, hatten mir oft von ihren Göttern erzählt und mir tiefe Einblicke in ihre Glaubenswelten vermittelt.

So kam es, dass ich auch in die ägyptische Sinai-Wüste reiste, wo Moses vor mehr als dreitausend Jahren das Volk der Hebräer durch die Einöde führte. Zu Fuß und mit Kamelen folgte ich einer uralten Karawanenroute, die mich auf einer Strecke von vierhundert Kilometern zum 2285 Meter hohen Dschebel Mussa führte, dem vermeintlichen »Berg Horeb«. Dort soll Moses die steinernen Tafeln mit den Zehn Geboten empfangen haben. Einer der bedeutendsten Wallfahrtsorte der Christenheit.

Ich erinnere mich noch genau an den Aufstieg zum Gipfelplateau des Mosesberges. Mit meinem vierzehnjährigen Sohn Aaron war ich auf dem »Sikket Saidna Musa«, dem »Pfad unseres Herrn Moses«, gewandert. Vorbei an hohen Felswänden, in denen mächtige Risse klafften, als hätte ein Riese seinen gigantischen Hammer geschwungen, folgten wir dem sand- und steinbedeckten Bergpfad über Serpentinen, der immer wieder traumhafte Ausblicke bot. Erodierte Felsformationen, die mit bizarren Säulen und Türmen an Kathedralen erinnerten, wechselten mit schattigen Schluchtenwänden und ausgedörrten Flusstälern. Manchmal standen wir eine ganze Weile nur so da und staunten über die Wildheit und den Gigantismus der Landschaft. So müsste es zu den Anfängen der Schöpfungsgeschichte ausgesehen haben.

Als der Schotterweg aufhörte, stiegen wir 700 Steinstufen hinauf, dann war das Gipfelplateau des Dschebel Mussa erreicht. Zwei kleine Kapellen – eine christliche und eine mohammedanische – standen hier einträchtig beieinander. Eisige Windböen, die in Abständen über die hohen Bergkämme fauchten, piesackten uns auf einer Höhe von 2285 Metern, sodass wir im Schutz einer Kapellenwand in unsere Schlafsäcke krochen.

Über uns spannte sich der glitzernde Nachthimmel in die Weite, während sich die Umrisse der Bergketten scherenschnittgleich am Horizont abzeichneten. Ausreichend Ruhe oder Schlaf fanden wir in dieser Nacht aber nicht. Immer wieder wurden wir von Wanderern und Pilgern gestört. Meist waren es ganze Gruppen von Engländern und Amerikanern, Japanern und Ägyptern, die im Schein von Mond, Sternen und ihren Taschenlampen den Mosesberg bestiegen und zu Hunderten das Gipfelplateau bevölkerten. Alle wollten den Sonnenaufgang über der Felsenwüste erleben.

Viele, die es bis ganz oben geschafft hatten, stöhnten erleichtert, ehe sie nach einem günstigen Aussichtsplatz suchten, um nach Osten zu schauen, wo sich im Morgengrauen die ersten Sonnenstrahlen aus dem Erdschatten hervortasteten. Über dem Horizont färbte sich der Himmel in den zartesten Pastelltönen, die kein Maler auf die Leinwand hätte bringen können. Die Fernsicht war grandios: Unter uns die sich übergipfelnde Bergwelt der Sinai-Halbinsel, die seit jeher ein Land der Völkerbewegung war. Bereits in den Jahren 3000 bis 1100 vor Christus besuchten ägyptische Karawanen diesen einsamen Wüstenlandstrich, den sie »Ta-

Su« nannten, was so viel wie »trockenes Land« bedeutet. Mit diesen frühen Expeditionen kamen auch zahlreiche Bergleute in die Sinai-Wüste, um im Auftrag der Pharaonen die reichen Türkis- und Kupfervorkommen abzubauen. War eine Mine ausgeschöpft, errichteten die Ägypter eine große Stele, wodurch auch die Namen von neununddreißig Pharaonen überliefert sind.

Drei große Karawanenwege entstanden im Laufe der Jahrtausende auf der Sinai-Halbinsel, die alle quer durch das Heilige Land führten: Am Mittelmeer nutzten die Menschen – zu Fuß, per Kamel, Pferd oder Esel – die sogenannte Heerstraße, die Ägypten mit Mesopotamien verband und die von den Römern später »Via Maris« (Meerstraße) genannt wurde. Die ebenso viel benutzte Pharaonenstraße führte vom Nil bis nach Jerusalem, und die berühmte Pilgerstraße verlief von der Stadt Suez über den Mitla-Pass und Akaba bis nach Mekka. Diese Route gilt auch heute noch als wichtige Ost-West-Verbindung zwischen Ägypten und Saudi-Arabien und wird vor allem von muslimischen Pilgern genutzt, »um eine ihnen vorgeschriebene Pflicht zu erfüllen, nämlich den schwarzen Stein in Mekka zu küssen«, schrieb Gerhard Rohlfs 1867 in seinem Expeditionsbericht *Reise durch Marokko*. Und weiter notierte er: »Ich bemerke hier beiläufig, dass man bei uns in Deutschland gewöhnlich glaubt, die Mohammedaner unternähmen die Pilgerfahrt, um zum Grabe Mohammeds zu gehen. Das ist irrig. Die Pilgerfahrt, durch die der Mohammedaner den Titel *el Hadj* (Pilger) erlangt, wurde schon zu Lebzeiten Mohammeds gemacht, der diesen abergläubischen Ritus, d. h. die Kaaba oder den schwarzen Stein, auf dem Abraham geopfert haben soll, zu küssen, nicht abzuschaffen wagte, weil damit ein Haupteinkommen der Mekka-Bewohner,

DIE GIPFELKAPELLE DES 2285 METER HOHEN DSCHEBEL
MUSSA GILT ALS RELIGIÖSER UND SPIRITUELLER ORT AUF DER
ÄGYPTISCHEN HALBINSEL SINAI.

mit denen er sich vor allen Dingen zu versöhnen suchte, verbunden war. Mohammed gebot also als eine der Pflichten des Muselmann, die Pilgerfahrt nach Mekka nach wie vor zu unternehmen; später verknüpfte sich damit noch der Besuch Medinas, wo Mohammed zwischen seinen beiden ersten Kalifen begraben liegt.«

*

Am Mosesberg stieg die aufgehende Sonne inzwischen am östlichen Horizont über die Konturen des Sinai-Bergpanoramas. Und während der farbenprächtige Himmel wie ein riesiger Schirm auf dem Zentralmassiv lag, erlebten wir Augenblicke, in denen die Gebirgsketten aus Granit, Gneis und Schiefer zwischen Rosa, Orange, Violett und Braun wechselten. Unversehens brach ein Fotogewitter los. Jeder wollte das phantastische Naturschauspiel einfangen, dem ein Riesenapplaus folgte, ein spontaner Dank für die grandiose Vorstellung der Sonne. Fröhliche Lobgesänge mischten sich mit Halleluja-Rufen. Es war, als hätte es zwischen der Natur und den Menschen nie eine Trennung gegeben. Ein Moment, in dem ich mehr als sonst eine körperliche Berührung mit dem Licht spürte. Eine Art mystisches Band zwischen der diesseitigen und einer undefinierbaren anderen Welt. Die Wahrnehmung einer Ahnung von etwas Größerem, das nicht benennbar ist.

Wenig später entdeckte ich am Rand einer steil abfallenden Felsplatte eine Gruppe Chinesen, die ganz versunken auf dem harten Gestein hockten und beteten. Begleitet von einem stetig lauter werdenden Gesang, wiegten sich ihre Körper vor und zurück. Ganz leicht wurde mir ums Herz. Und ohne es so recht zu wollen, stimmte ich summend in den melodischen Sprechgesang der Betenden mit ein. Alle Zweifel an das Übersinnliche entschwanden mit einem Male. Und ich wusste, der Glaube macht es wahr.

*

Beim Abstieg vom Mosesberg hallten die bewegenden Momente am Gipfelplateau in mir nach. Momente voller Demut und Dankbarkeit. Kein Zweifel, dieser Berg ist ein Ort voller Zauber und Wunder, ein Ort der Spiritualität. Vor allem zum Sonnenaufgang präsentiert sich der Dschebel Mussa als Zwischenreich geistiger und sinnlicher Erfahrungen.

Am Fuße des Berges lagerten unsere Kamele, mit denen wir tags darauf weiterzogen – auf Moses' Spuren durch die archaische Natur. Diese ursprüngliche Natur ist eine wichtige Voraussetzung für das Erfassen spiritueller Erfahrungen. Ein Wissen, das ich bei vielen Naturvölkern gelernt habe.

»Du muss tiefer und tiefer in die Natur hineingehen, um etwas vom Wesen der Spiritualität zu entdecken«, erfuhr ich. Denn die Natur, die Stille und das Gefühl der Abgeschiedenheit seien eine Brücke, die unbestimmte Erwartungen verstärken könne, um den spirituell Suchenden mit Erlebnissen und Erfahrungen zu konfrontieren, die mit seinem vertrauten Dasein und seinem gewohnten Denken nichts zu tun haben.

Zudem ist jede Form der Spiritualität eher eine Sache des Herzens als des Kopfes. Die innere Einstellung muss stimmen. Was man dazu braucht, sind Offenheit, Gelassenheit und Spontanität. Hin und wieder habe ich auf meinen Wanderungen auch erfahren, dass es ganz simple Kleinigkeiten sein können, gewissermaßen Einstiegserlebnisse, die mich beim Unterwegssein in der Natur das Metaphysische spüren lassen: Gelassen warte ich dann, bis etwas geschieht, das mich näher an das Fremde heranführt. Neue Wahrnehmungsbahnen müssen sich erst einmal im Gehirn einschleifen – das braucht Zeit. Doch wenn ich lange genug durch die Natur wandere, werde ich zwangsläufig ein anderer, aus mir selbst heraus. Beispiele dafür gibt es zur Genüge: Wenn ich nachts im Freien aufwache und sich Gesteinsformationen oder Pflanzen im Mondlicht zu regen scheinen, wenn ich behutsam etwas Erde in die Hand nehme und sie zwischen den Fingern durchrieseln lasse, wenn ich mich auf einer Wiese oder im Sand ausstrecke und in Gedanken mit den Wolken durch den blauen Himmel treibe, wenn ich unter dem aufgehenden Vollmond am Lagerfeuer sitze und in die Flammen schaue, wenn eine farbenprächtige Eidechse über einen schattigen Felsblock läuft und ich den seltsamen Gesang eines Vogels intensiv wahrnehme – oder wenn ich durch eine leere Landschaft laufe und plötzlich spüre, dass mich etwas packt und mich auf nachhaltig beeindruckende Weise anfasst.

Dann empfinde ich eine Art Vertrauen zum Draußen, schaue in die Weite hinaus, und wie in einen Spiegel blicke ich in mich selbst hinein. Alles Bedrohliche, das zuweilen von der ursprünglichen Natur ausgeht, verschwindet. Etwas öffnet sich, verliert seine Fremdheit, nimmt mich auf – und trägt mich auf die »andere« Seite dessen, was wir Realität nennen.

Ganz unvermittelt ist sie da, die Sensibilität für die Natur: Ich öffne mich dem atmenden Himmel, den Sanddünen, den Felsen, den Palmen und Gräsern, und sie geben mir etwas zurück, das mich Nähe und Geborgenheit spüren lässt. Ein Geschenk. Nicht nur für den Augenblick. Auch morgen und übermorgen sind solche spirituellen Wahrnehmungen da. Ich muss nur gelassen und offen bleiben, um diese kostbaren Momente wahrzunehmen. Denn eine spirituelle Grundhaltung zeichnet sich für mich vor allem durch Demut vor der Natur aus.

14

DRACHEN ÜBER PEKING

Ein Stadtspaziergang durch Chinas Hauptstadt

So wie Yin und Yang
den Weg (Tao) des Himmels bestimmen
und Sanftheit und Härte den Weg der Erde,
so sollten Liebe und Gerechtigkeit
den Weg des Menschen bestimmen.

CHOU TUN-YI

Ich war im Strom und ließ mich treiben. Der Strom, das waren tausend andere Menschen. Dynamische, bunt gemischte Massen, die wie Fischschwärme wimmelten und meine Richtung bestimmten. Widerspruchslos fügte ich mich in die Ordnung ein, wurde mitgerissen, und das Eingliedern in die Schrittbewegungen der Menge vermittelte mir ein überraschendes Gemeinschaftsgefühl. Fast traumwandelnd wurde ich vorangeschoben, über Plätze und Straßen. Ich hörte das tausendfache Geklingel der Fahrradwellen und das Hupen der Autos. Geräusche, die eine stabile Klangkulisse bildeten. Irgendwann wollte ich raus aus der Enge. Ich fühlte mich eingeschlossen, brauchte Platz zum Atmen und suchte nach schmalen Lücken in der Menge. Irrte voran. Nach links, nach rechts, musste Schultern und Ellenbogen gebrauchen, um einen Ausweg zu finden.

Peking im Mai 1986 war ein einziges Gewimmel und

Gewoge, ein stetiges Laufen und Treiben. Mir kamen die Worte des griechischen Philosophen Heraklit in den Sinn: »panta rhei« – alles fließt.

Obwohl ich schon seit einer Woche in Peking war, hatte ich mich noch immer nicht an die Menschenmengen gewöhnt, die sich täglich durch die Straßen bewegten. Sieben Tage hatten gleichwohl ausgereicht, um zu begreifen, dass man in Chinas Hauptstadt hellwache Augen braucht, unempfindliche Ohren, eine gesunde Nase und die Füße eines Nomaden. Denn diese Stadt verlangt dem Spaziergänger einiges ab: Die Augen sind permanent einer Bilderflut ausgesetzt, die Ohren müssen den Lärm ertragen und die Nase ist fortwährend verstopft, weil die Luft von Sandstaub erfüllt ist, den der Nordwestwind aus den Wüsten Chinas in die Stadt treibt. Zudem braucht man in Peking widerstandsfähige Füße, um auf endlosen Straßen und in verwinkelten Gassen gut Strecke machen zu können.

*

Seit der Öffnung Chinas in den achtziger Jahren habe ich die Millionenmetropole und Hauptstadt viele Male besucht. Peking war für mich immer Ausgangspunkt monatelanger Reisen durch das Reich der Mitte – zum Jangtsekiang, in das Kunlun-Gebirge oder in die Wüste Gobi. Auf diesen Reisen lernte ich ein Land von riesigen Ausmaßen kennen, von dem schon Marco Polo Wundersames zu berichten wusste. Ein Land, dessen jahrtausendealte Geschichte von innerem Widerstreit geprägt war, das strenge Feudalherrschaft vieler Dynastien durchstand und sich gegen die Nomadenvölker im Norden und die Aufstände im Inneren zur Wehr setzte. Ein Land, das sich erst nach langer und strenger Abriegelung schließlich für den Tourismus öffnete.

Am deutlichsten erinnere ich mich an die Eindrücke meiner ersten China-Reise. Damals, Mitte der achtziger Jahre, war Peking eine Stadt voller Vitalität und im Aufbruch begriffen, dem ich mich nicht entziehen konnte. Ich erlebte ein Stück vom ewigen China, das es heute nicht mehr gibt, das längst entschwunden ist, überlagert von Bürotürmen und Leuchtreklamen, von Massenmotorisierung und Industriebauten.

Doch das Auffälligste ist, dass sich Peking und andere Großstädte Chinas mittlerweile immer weniger von der westlichen Welt unterscheiden. In nur dreißig Jahren hat Peking viel eingebüßt, sogar seinen Namen. Beijing heißt die Stadt nun, doch ich bleibe beim alten Namen, wegen des besseren Verständnisses – und aus Gewohnheit.

Fährt man heute vom Flughafen ins Stadtinnere, springen einem sofort drastische Umweltschäden in die Augen: etliche der Reih-und-Glied-Bäume an den breiten Straßen sind abgestorben; junge Kiefern im Zentrum wirken fast durchsichtig. Pekings größtes Problem ist die Luftverschmutzung. Im Frühjahr 2015 wurden Smog-Werte gemessen, die das Zwanzigfache des Grenzwertes der Weltgesundheitsorganisation (WHO) überstiegen. Menschen trugen Atemschutzmasken. Weiße Papiertaschentücher färbten sich schwarz. Die Sichtweite lag bei wenigen hundert Metern. Und der ehemalige Kaiserpalast, wo sich historische Kunstwerke chinesischer Baumeister ins Verschwenderische steigern, wirkte unter der dichten Smog-Wolke wie eine Science-Fiction-Kulisse.

*

Szenenwechsel. Wo immer ich in Peking zu Fuß unterwegs war (Mitte der achtziger Jahre), löste ich neugieriges Staunen aus, drückten sich Schulkinder an den Fenstern der Busse die Nasen platt. Westliche Touristen gehörten seinerzeit nicht zum täglichen Erscheinungsbild. Zu lange hatte sich das Reich der Mitte nach außen abgeschottet, als dass Besucher in den belebten Straßen nicht Aufsehen erregten. Ständig wurde ich angesprochen. Zum Beispiel von einem Studenten, der sich selbst etwas Englisch beigebracht hatte, als eifriger Hörer eines Sprachlehrgangs im Radio. Freundlich streckte er mir seine Hand entgegen. Es sei ihm eine Ehre, so sagte er, mich als Gast seines Landes begrüßen zu dürfen, und fragte höflich, ob er mit mir reden dürfe. Wir tauschten einige Liebenswürdigkeiten aus. Dann wollte er wissen, woher ich kam und was ich in Peking machte – und was »Tourismus« bedeutete.

Ein Begriff, so wurde mir schnell klar, der in China – ebenso wie das Wort »Urlaub« – kaum bekannt war, weil man sechs Tage in der Woche arbeitete, acht Stunden lang. Der arbeitsfreie Tag wechselte je nach Betrieb, damit nicht alle Arbeitnehmer am gleichen Tag die Stadt überfluteten. Und auch das Reisen zwecks Erholung, Lebensfreude oder um fremde Länder und Menschen kennenzulernen, rief ungläubiges Staunen hervor.

*

Ich erinnere mich, dass ich damals im Huadu-Hotel abgestiegen war, erinnere mich an das gemütlich-kitschige Zimmer, wo auf einem runden Tisch mit Häkeldeckchen eine buntbemalte Thermoskanne mit Deckeltassen und eine hübsche Teedose standen. Von diesem Zimmer brach ich immer wieder zu neuen Spaziergängen auf. Ich liebe das Stromern, Schlendern und Streifen durch fremde Straßen und Gassen. Es ist die beste Art, um den Charakter, den Pulsschlag und die atmosphärischen Stimmungen einer Stadt auszuloten.

Mit dem Stadtplan in der Hand führte mich mein erster Rundgang zur Chang'an Avenue, Pekings breite Prachtstraße. Jedes Detail, das mir auffiel, wollte ich fotografieren: Bäume, Wandzeitungen, Dachfirste, Bambusstühle, vorsintflutliche Baugerüste, großflächige Plakatwände mit sozialistischen Parolen, Einkaufsnetze mit lebenden Hühnern. Und immer wieder Gesichter: lachend, lebhaft, versunken, staunend, sinnierend.

Vom Menschenstrom aufgesogen, trieb ich im Zentrum zum Tian'anmen, dem Platz des Himmlischen Friedens. Es ist der größte Platz der Welt. Eine Fläche von rund vierzig Hektar. Zu Paraden und Versammlungen können hier eine Million Menschen aufmarschieren. Ringsum leuchteten rote Fahnen mit den fünfzackigen gelben Sternen, erinnerten an die blutrote Kulturrevolution, während sich vor dem Mao-Mausoleum Besucherschlangen bildeten. Und hoch darüber schwebten kunstvolle Papiervögel im blauen Himmel – Großväter wiesen ihre Enkel in die Kunst des Drachensteigens ein. Alte und junge Hände hielten die dünnen, langen Schnüre, an denen die selbstgebastelten Gebilde durch die Lüfte segelten, die zumeist die Gestalt von Drachen hatten, die in China Glück und Erfolg versinnbildlichen.

*

Gegenüber vom Tien'anmen-Platz lag der Gebäudekomplex der Verbotenen Stadt. Farbenprächtige Blumen schmückten das Portal des ehemaligen Kaiserpalastes, und über dem Tor des Himmlischen Friedens hing ein großes Bild von Mao Zedong, der hier am 1. Oktober 1949 die Gründung der Volksrepublik China ausgerufen hatte. Hunderttausende bejubelten damals den Aufbruch in eine neue Epoche. Eine Zeit der rigorosen Umerziehung und Reformen, die Millionen Chinesen das Leben kostete.

Ein paar Schritte weiter gelangte ich durch ein zweites Tor in die Residenz der chinesischen Kaiser, wo der Stadtlärm verebbte. Wohltuende Ruhe lag über dem fast 100 Hektar großen Gelände, das nur dem Kaiser, seiner Familie und ihren Bediensteten zugänglich gewesen war. Wer keine ausdrückliche Genehmigung des Kaisers hatte, durfte den herrschaftlichen Gebäudekomplex nicht betreten. Dem einfachen Bürger war der Zutritt verwehrt, was auch den Namen – Verbotene Stadt – erklärt. Denn hier, so hieß es einst, vereinten sich Himmel und Erde, verschmolzen die vier Jahreszeiten und versinnbildlichte die harmonische Symmetrie jedes einzelnen Bauwerks den himmlischen Auftrag und die politische Macht.

Hunderttausend Handwerker und über eine Million Arbeiter erbauten zwischen 1406 und 1420 ein gewaltiges Bühnenbild kaiserlicher Machtentfaltung – mit mehr als 890 Toren, Palästen und Pavillons, umschlossen von einer zehn Meter hohen Wehrmauer und einem breiten Wassergraben. Nacheinander residierten vierundzwanzig Herrscher in der Verbotenen Stadt. Und als Puyi, der letzte Kaiser, 1911 vom Volk gestürzt worden war, befand sich seine Residenz, ebenso wie das gesamte Land, in einem beklagenswerten Zustand. Später, zur Zeit der Kulturrevolution, wollten die fanatischen Roten Garden die kaiserlichen Gebäude zerstören, doch bewaffnete Kräfte der Volks-

DER 38 METER HOHE HIMMELSTEMPEL, DER AUSSCHLIESSLICH
AUS HOLZ UND OHNE EINEN EINZIGEN NAGEL GEFERTIGT
WURDE, GILT ALS WAHRZEICHEN PEKINGS.

befreiungsarmee sicherten die Verbotene Stadt. Gleichwohl dauerte es Jahrzehnte, ehe Chinas größte und schönste Palastanlage restauriert wurde. Seit 1961 steht der Kaiserpalast (Gugong) mit seinen über 9000 Räumen unter Denkmalschutz. Und bei der UNESCO ist die Verbotene Stadt als das bedeutendste architektonische Palast-Ensemble Chinas gelistet. Handwerker mit großem künstlerischem Können sorgen jahrein, jahraus für eine fortdauernde Erhaltung und Pflege der einzigartigen Anlage.

Stunde um Stunde schlenderte ich im Pulk begeisterter Besucher durch die weitläufige Palastanlage. Ich ging über große Höfe und geschwungene Brücken mit weißen Marmorbalustraden, unter denen sich der »Goldwasser-Fluss« durch die Kaiserstadt schlängelte, stieg zahllose Treppen hinauf und hinunter, bestaunte Pagoden, Tempel und Pavillons, stand vor schweren Weihrauchgefäßen, bronzenen Amphoren und goldenen Löwenskulpturen, sah Dachfirste, Säulen und Fassaden mit gelben Drachenfiguren, filigranen Schnörkeln, hochwertigen Intarsien und figürlichen Ornamenten, wanderte schließlich durch den kaiserlichen Garten; ein Areal von mehr als 12 000 Quadratmetern mit alten Kiefern und Zypressen, bizarren Felsen und Mosaikwegen.

*

Von der Verbotenen Stadt spazierte ich weiter in den Nordwesten Pekings, zum Neuen Sommerpalast. Eine herrliche Parkanlage aus dem 18. Jahrhundert mit Pavillons, Pagoden und großem See. In den Sommermonaten gehörte diese fast 300 Hektar umfassende Anlage zu den bevorzugten Aufenthaltsorten des Kaiserhofs. Hier, wo der »Gesandte des Himmels« mit seiner Familie flanierte, saß ich auf einer Bank am See und beobachtete das bunte Treiben ringsum: Da bummelten Familien und Liebespaare, musizierten junge Chinesen, tanzten bunt gekleidete Mädchen, sprachen alte Leute mit ihren Singvögeln, deren Käfige in den Ästen der Bäume hingen, gondelten voll besetzte Ruderboote über den Kunming-See, suchten Männer und Frauen – Jung und Alt – beim Tai Chi Seelenfrieden und Verinnerlichung. Da wurde geturnt und getrabt, geplaudert und gelacht, während die Luft vom Zirpen der Zikaden erfüllt war. Fast jeden Tag herrschte in diesem Park Feiertagsstimmung, ohne dass er überfüllt gewesen wäre, weil die Großbetriebe ihren Mitarbeitern an unterschiedlichen Tagen frei gaben.

*

Hektik erfasste meine Augen, als ich in Richtung Süden durch steinige Gässchen und über breite Asphaltbänder lief. Wieder das Gedränge in der Menschenflut, während auf den Straßen das Fahrrad das Verkehrsmittel Nummer eins war. Rund fünf Millionen Fahrräder gab es damals in Peking. Geschickt transportierten die Chinesen damit auch große Körbe, Kisten und Flaschen. Autos sah ich nur wenige. Manchmal ein Bus, vollgestopft mit Menschen, die nach eigenem Gusto gekleidet waren. Frauen, Männer und Kinder in bunten Blusen und saloppen Hemden. Nur hier und da trugen Erwachsene noch die blauen Einheitsanzüge, die an das China der gleich gekleideten »Blauen Ameisen« erinnerten, als Mao den »neuen Menschen« mit Gewalt erschaffen wollte, der von privaten Interessen und privatem Gewinnstreben frei sein sollte.

Das Nachmittagsziel meiner Sightseeing-Tour war der

Himmelstempel. Eine dreistufige Rotunde, ganz aus Holz und ohne einen einzigen Nagel gebaut. Die stufigen Dächer des achtunddreißig Meter hohen Baus waren mit blau glasierten Ziegeln geschmückt, die in der Sonne glänzten. Selbst die immerzu fröhlich schnatternden Chinesen standen hier stumm und staunend vor dem Wahrzeichen Pekings, unübertroffen in seiner schlichten Schönheit.

Im Inneren des Tempels, unter einer prachtvollen Decke, die chinesische Künstler mit Malereien von Drachen und Phönixen verziert hatten, betete einst der chinesische Kaiser zur Wintersonnenwende um reichen Erntesegen.

*

Die eigentliche Sehenswürdigkeit in Peking war aber das Alltagsleben in den Wohn- und Marktstraßen, in den Parks und Altstadtvierteln, dessentwegen ich tagtäglich durch die Stadt streifte. Dort, zwischen den mehrstöckigen, gesichtslosen Wohnsilos und den traditionellen, eingeschossig gebauten Wohnquartieren, die sich ihren dörflichen Reiz bewahrt hatten, erlebte ich Szenen von großer Eindringlichkeit. Bilder voller Poesie und überquellenden Lebens, die mich gefangen nahmen: Ich sah ungezügelte Radfahrermassen oder Pferdefuhrwerke und Karren, die von alten Frauen oder Männern gezogen wurden, hoch beladen mit Kohl, Bauschutt, Körben oder Gemüse. Ich sah Barbiere, die ihre Kunden unter freiem Himmel rasierten, sah Schuster, Schreiner, Glaser, Geschirrhändler, Fahrradwerkstätten und Baugerüste aus Holz und Bambus, hinter denen neue Fassaden entstanden, sah ambulante Zahnzieher und die Stände der Apotheker, die ihre Medikamente feilboten, sah Bauern, die Gemüse, Früchte und Eier auf dem Boden ausbreiteten, sah altertümliche Öfen, in denen das Brot gebacken wurde, sah Buden mit Geflügelbeinen, getrockneten Äpfeln oder brötchengroßen Teigtaschen.

Ich schaute in Läden, in denen Hosen gebügelt, Holzplatten gehobelt, Nudeln gedreht und Kalender gedruckt wurden. Im Gassengewirr der Altstadt schaute ich durch offene Hauseingänge in Hinterhöfe, mal grau und verwahrlost, mal begrünt und idyllisch, wo Wäsche zum Trocknen hing, Frauen den Boden kehrten, Pflanzen begossen, den Webstuhl bedienten oder an der Nähmaschine saßen, wo kleine Kinder malten, Dreirad fuhren oder Hühner jagten, alte Männer rauchten, schwatzten, Zeitung lasen oder andächtig vor einem Brettspiel hockten. Ich sah Großeltern, die sich liebevoll um ihre kleinen Enkel kümmerten, weil fast alle Frauen berufstätig waren.

Und immer wieder sah ich Hände, die alltägliche Arbeiten verrichteten: Da wurde geschraubt, gesägt und gestrichen, wurden Dächer repariert, Bretterwände errichtet, Lastwagen entladen, Körbe geschleppt, der Putzmörtel schwungvoll an die Wände geworfen und frisch gestrichene Ziegel zum Trocknen auf den Erdboden gekippt. Überall herrschte Emsigkeit, die aber keine Hektik war.

*

Eines Abends saß ich unter dem nachtblauen Himmel an einer geschäftigen Straße in einer Garküche. Der Kochkessel zischte, und der Nudelmacher hatte alle Hände voll zu tun. Auf einem Kohleherd dampften appetitliche Wan-Tan- und Eierflockensuppen, Frühlingsrollen und gebratene Fleischspieße. Gleich daneben lagen Lauchzwiebeln, Auberginen, Bambus, Tomaten, Morcheln, Pfefferschoten und Gurkenscheiben. Es roch nach Chinakohl, Knoblauch und heißen Kastanien. Ich bestellte eine Schale Reis mit Bohnenquark und allerlei Gemüse. Dazu eine würzige, mittelscharfe Soße. Zeichensprache reichte zur einfachen Kommunikation.

Beim Essen hatte ich mit den Tücken der Holzstäbchen zu kämpfen, was einigen Chinesen an den Nachbartischen nicht entging. Schlürfend und schmatzend schauten sie zu mir herüber und nickten freundlich. Als ich ihren Gruß erwiderte, setzte ein fröhliches Geschnatter ein. Zweifellos ging es um meine ungeschickte Handhabung der Stäbchen. Zwei junge Männer, die mir gegenübersaßen und ebenfalls Reis mit einigen Zutaten bestellt hatten, machten mir wortlos vor, wie ich die Stäbchen zu halten hatte. Ich schaute ihnen genau zu. Dann versuchte ich es erneut. Diesmal mit mehr Erfolg. Ich bedankte mich mit einem Lachen – und der Sinn einer alten chinesischen Weisheit bewahrheitete sich aufs Neue: »Einmal sehen ist besser als hundertmal hören.«

15

AUSRÜSTUNG

Die Reduzierung auf das Wesentliche

Wandersehnsucht reißt mir am Herzen,
wenn ich Bäume höre, die abends im Wind rauschen.
Hört man still und lange zu, so zeigt auch die
Wandersehnsucht ihren Kern und Sinn.

HERMANN HESSE

Gehen und tragen gehören zusammen, wenn ich unterwegs unabhängig sein will. Ich wandere am liebsten mit leichtem Gepäck und habe mich schon seit Jahren beim Rucksackpacken für einen kompromisslosen Minimalismus entschieden. Die Freude am Gehen hängt nun mal nicht unwesentlich vom Gewicht des Rucksacks ab. Wer zu viel Ballast mit sich schleppt, erlebt die zermürbende Qual des Tragens, die zwangsläufig zu Schmerzen im Rücken führt und jede Wanderlust im Keim erstickt. Die Leichtigkeit des Seins sowie die Erfahrung von Freiheit und Autonomie kommt dann gar nicht erst auf.

Deshalb heißt mein Motto für das Rucksackpacken: »Nimm nur mit, was du tragen kannst.« Eine Erkenntnis, die ich mir aber erst mühsam erlaufen musste. Noch heute amüsiere ich mich, wenn ich daran denke, dass ich in jungen Jahren mit einem Dreißig-Kilo-Rucksack nach Ägypten aufbrach. Wahnsinn! Kein Wunder, dass mich das Gehen

MEIN MOTTO BEIM RUCKSACKPACKEN: »NIMM NUR MIT, WAS DU TRAGEN KANNST.« DER MUT ZUM WENIGER STEIGERT DIE INTENSITÄT DES ERLEBENS.

auf dieser Tour nicht faszinieren konnte und ich beim Unterwegssein keine fließende Gehbewegung fand.

Viel Lehrgeld habe ich beim Zu-Fuß-Reisen zahlen müssen, ehe ich begriff, dass ich nur ein Minimum an Ausrüstung brauche, um ein Maximum an Wanderlust zu empfinden. Der Mut zum Weniger steigert die Intensität des Erlebens. Und jeder, der seine Verzichtsangst einmal überwunden hat, wird beim Unterwegssein in der Natur feststellen, dass man auch mit überschaubarer Ausstattung ganz flexibel auf die unterschiedlichen Wetterbedingungen reagieren kann.

Eine Ausrüstung, die für alle Jahreszeiten, Landstriche und Routen geeignet wäre, gibt es nicht. Jedes Rucksackpacken ist vom Reiseziel abhängig, wobei ich mich bei der Zusammenstellung der Ausrüstung natürlich immer wieder frage: Was brauche ich wirklich? Insofern beginnt mein Unterwegssein schon mit dem Notieren all der Dinge, die ich auf einer Wanderung benötige. Dabei verliere ich die Grenze meiner Tragfähigkeit niemals aus dem Blick. Zwölf bis fünfzehn Kilo trage ich recht unangestrengt. Das ist aber auch mein Limit. Mehr schultere ich nicht, egal wohin die Reise gehen soll.

Am liebsten benutze ich beim Gehen einen Rucksack mit Tragesystem, damit sich das Gewicht gleichmäßig auf Schultern, Rücken und Hüften verteilt. Besonders die Nackenmuskulatur sowie die Kniegelenke sind empfindliche Stellen, wenn ich meinen Hausstand Tag für Tag über Stock und Stein trage. Die Gewichtsverteilung ist somit ebenso wichtig wie die Gewichtsreduktion. Zudem achte ich darauf, dass der Rucksack eine gute Hinterlüftung hat, sodass sich beim Gehen keine Schweißpfützen am Rücken bilden.

Auch wer das Gewicht an den Füßen reduziert, wird eine

deutliche Erleichterung des Gehens spüren. Deshalb sind leichte und stabile Wanderstiefel für mich unverzichtbar. Zudem sollte das Schuhwerk bequem, stoßabsorbierend und wasserabweisend sein. Ich reise übrigens immer mit zwei Paar Schuhen: Knöchelhohe Stiefel trage ich im schwierigen Gelände; leichte Sportschuhe mit Air-Sohle, die meinen Füßen optimale Erholung bieten, benutze ich im leichten Terrain.

Besonders vorteilhaft beim Gewichtsparen ist das »Zwiebelsystem«. Hierbei stelle ich verschiedene Kleidungsstücke zusammen, die sich problemlos übereinander anziehen lassen. Je nach Witterung ziehe ich Schicht für Schicht an – oder lege sie ab. Nach diesem System packe ich auch meinen Rucksack. Was ich am Tag brauche, kommt nach oben; alles, was ich erst am Abend oder anderntags benötige, kommt nach unten. Entscheidend ist: Meine Ausrüstung ist einzig und allein dazu da, um mir auf meinem Weg optimal zu helfen, das ausgesuchte Ziel ohne Beeinträchtigung zu erreichen.

Das Grundgewicht meines Rucksacks (Kleidung, Handtuch, Waschzeug, Tagebuch etc.) beträgt niemals mehr als fünf oder sechs Kilo. Für jedes Teil wähle ich die leichteste Variante. Hinzu kommen, je nach Reiseziel, Schlafsack und Isoliermatte sowie Proviant und Wasser.

Wenn ich zu einer längeren Reise aufbreche, habe ich überdies immer ein Biwak dabei, das ich in wenigen Minuten aufbauen kann. So ein Zelt macht mich unabhängig, sodass ich überall die Nacht verbringen kann, vorausgesetzt, ich hinterlasse meinen Biwak-Ort so, wie ich ihn vorgefunden habe. Insofern schließt das Übernachten im »mobilen Schneckenhaus« auch immer ökologische Verantwortung mit ein.

Schlafplätze finde ich beim Zu-Fuß-Reisen meist problemlos. Und wenn es mal weder Gasthof, Pension noch Hotel gibt, übernachte ich in einer Schutzhütte, auf einem Campingplatz oder unter freiem Himmel. Ich liebe es, eingehüllt in meinen Schlafsack oder eine Decke, in einer von Sternenlicht durchsickerten Nacht zu liegen, wenn der Schein des Mondes die Landschaft in ein milchig-bläuliches Licht taucht. Dann schrumpft der Himmel auf das Maß der Nacht und ich kann frei atmen, die Stille genießen und Zwiegespräch mit dem Universum halten. In solchen Stunden spüre ich eine satte Zufriedenheit und möchte mit keinem Menschen auf der Erde tauschen.

Nichts ist schöner als eine Nacht im »Tausend-Sterne-Hotel«.

16

ZUR VOGELINSEL BASS ROCK

Eine Wanderung an Schottlands Ostküste

Die Macht der Vorstellung
macht uns grenzenlos.

JOHN MUIR

Der Morgenhimmel war weiß und blau. Die Wanderstiefel
baumelten am Rucksack. Barfuß liefen wir am Strand, hatten weichen und warmen Sand zwischen den Zehen und
unter den Fußsohlen, während die Wellen auf einer flachen
Küste ausrollten. Bei jedem Schritt sackten wir lachend ein
und bekamen die Eigenheiten des Strandlaufens zu spüren:
Sand macht die Bewegungen alt, wenn er sich um die Füße
schlingt. Sand will, dass man langsam und andächtig vor-
anschreitet. Zum einen gingen wir mit gesenktem Kopf,
achteten darauf, wohin wir den nächsten Schritt setzten.
Dabei suchten die Augen nach kleinen Schätzen: Muscheln,
Steinchen, bizarren Holzstücken, kuriosem Schwemmgut.
Zum anderen schauten wir mit aufgerichtetem Kopf über
den endlosen Wellenteppich, blickten zum Horizont –
und gingen dabei näher am Wasser, wo die gischtenden
Schaumkronen der Wellenherden ausliefen und der Sand
feuchter und fester war. Dort kehrten wir auch zu unserem gewohnten Schrittrhythmus zurück. Und wenn Wol-

ken, Sonne und gleißende See beim Zusammenspiel von Licht und Schatten phantastische Naturbilder zauberten, blieben wir für einen Moment stehen, um die herrlichen Stimmungen in uns aufzunehmen; dann schauten wir auch nach unseren Fußspuren, die von der nassen Flut umspült wurden und sich schnell verflüchtigten, als hätte es sie nie gegeben.

Wir befanden uns an der Ostküste Schottlands. Unter einem hellblauen Himmel, der mit Wattewölkchen betupft war, wanderten wir an einem ausgedehnten Sandstrand entlang. Mit leichtem Gepäck hatten wir Edinburgh, die Hauptstadt des Landes, vor vier Tagen verlassen und uns in östlicher Richtung auf den Weg gemacht. Wir, das waren mein 23-jähriger Sohn Aaron und ich. Nur etwa fünfzig Kilometer wollten wir wandern. Nicht mehr als zehn Kilometer am Tag. So hatten wir viel Zeit für Land und Leute, für Natur und Geschichte – und für uns.

Wir hatten uns vorgenommen, der Landstraße (A 198) zu folgen, wollten dann am Strand entlanglaufen, ein paar schottische Kleinstädte mit ländlicher Gemächlichkeit kennenlernen und eine unbewohnte Vogelinsel namens Bass Rock besuchen. »Ein Weltwunder der Tierwelt«, so hatte Sir David Attenborough, einer der weltweit angesehensten Naturfilmer, den gewaltigen Felsbuckel in der Nordsee genannt, den er im Juli 2010 besuchte.

200 000 Basstölpel (Morus bassanus) leben mittlerweile dort. Es ist die größte Basstölpel-Population der Erde. Keinem Forscher ist es bisher gelungen, die Frage zu beantworten, warum sich die Basstölpel gerade auf dieser schottischen Felsinsel niedergelassen haben.

*

Unser erstes Ziel war Musselburgh, eine der ältesten Gemeinden Schottlands. Ein munterer und alltagsnaher Ort, wo wir am Abend in einem Restaurant bei Fish and Chips einen Buchhändler trafen, von dem wir erfuhren, dass es hier eine Pferderennbahn und den ältesten Golfplatz der Welt gab – und dass es im 16. Jahrhundert, nur zwei Kilometer südöstlich, zu der Schlacht von Carberry Hill gekommen war, in der Maria Stuart unterlag und als Gefangene auf Loch Leven Castle inhaftiert wurde. Zudem stießen wir in Musselburgh auf die grünen Wegweiser des John Muir Way, eines etwa 70 Kilometer langen Küstenwanderwegs, der durch die schottische Region East Lothian führt. Benannt wurde dieser Weg nach dem berühmten Universalgelehrten John Muir (1838–1914), der in dem schottischen Küstenort Dunbar geboren wurde. Im Alter von elf Jahren wanderte er mit seiner Familie nach Amerika aus, betätigte sich später als Erfinder, Ingenieur, Geologe und Schriftsteller. In den USA wurde er als Begründer der Naturschutzbewegung berühmt und als »Wildnisprophet« bezeichnet.

Weiter führte unsere Wanderung auf gewundener Strecke durch die naturschönen Regionen der Edinburgher Vorstädte. Das Wetter war typisch schottisch – das heißt sehr wechselhaft. Der Himmel zeigte sich sonnendunstverhangen, graubewölkt oder hellblau; die See war silberglitzernd, bleiern oder wildschäumend. Hin und wieder schickte der Wettergott auch einen fiesen Wind oder tiefhängende Wolken, die Regen mit sich führten. Wenn es goss oder prasselte, warfen wir unsere Regenmäntel über und gingen einfach weiter, versuchten den notorischen Schottlandtiefs ihre Reize abzugewinnen, auch wenn Konturen und Farben in den tief herabhängenden Wolken verschwanden, während uns auf der Landstraße vorbeirauschende Autofahrer mitleidig anschauten.

Abends schliefen wir im Hotel, in einer Pension oder im Zelt am Strand. Unter freiem Himmel war es am schönsten. Dann wiegte uns das Geräusch der Wellen in den Schlaf und frühmorgens weckten uns die kreischenden Möwen. Nach dem Frühstück in einem gemütlichen Dorfcafé machten wir uns wieder auf den Weg. Über die langgezogenen Straßenorte Prestonpans und Port Seton kamen wir nach Aberlady, wo wir in der Abenddämmerung an einer weiträumigen Gezeitenbucht entlangliefen. Hier bevölkerten Brachvögel, Sterntaucher, Kiebitze und Rotschenkel die Wattenschlickflächen, Salzmarschen und Wildgraswiesen der ausgedehnte Bay.

Jenseits von Aberlady verließen wir Strand und Straße, um einen Blick auf das Hinterland zu werfen, wo sich eine sorgsam gepflegte Kulturlandschaft erstreckte, mittendrin einige Höfe, die auf winddurchfegten Hügeln lagen. Nicht weit entfernt sprießte üppige Vegetation. Schmale Pfade führten durch dunkelgrünes Dickicht, das mit Dornenranken und Wildblumen durchwachsen war. Wir sahen uns satt an tausend Details der Natur: Zauberhafte Spinnweben glitzerten im Mittagslicht; Tautropfen hingen an struppigen Gräsern; Disteln wuchsen aus windschiefen Steinmauern; gelbgrüne Flechten klebten an Felsblöcken; Blumen in Blau, Rot und Quittegelb färbten die Wiesen; zerrissene Wolken spiegelten sich in Regenpfützen – und die Sonne schlug einen kräftigen Regenbogen über das Land. Kein Moment glich dem anderen. Und immer wieder die unmittelbare Gewissheit: Das Zu-Fuß-Reisen ist ein Weg zum Glück.

Dann das 6000 Einwohner zählende North Berwick. Eine malerische Hafenstadt mit Einkaufsläden, Cafés, Teestuben und Fish-and-Chips-Lokalen. Schon vor tausend Jahren diente der kleine Seeort vielen Pilgern als Fährhafen, um nach St Andrews zu gelangen, einst königliche Stadt und Bischofssitz an der Ostküste Schottlands. Im 8. Jahrhundert, so heißt es, wurden die Reliquien des Apostels Andreas an diesen Ort gebracht. Auf ihn bezieht sich auch das Andreaskreuz auf der schottischen Flagge.

Im Rücken der Stadt bestiegen Aaron und ich den 187 Meter hohen Hausberg, den North Berwick Law. Auf dem Gipfelplateau des ehemaligen Vulkankegels, von dem wir einen phantastischen Ausblick hatten, befanden sich Überreste von Gebäuden aus der napoleonischen Zeit, die einst als Signalstation gedient hatten.

Am Nachmittag spazierten wir durch den ländlich-hübschen Ort, den schon der schottische Schriftsteller Robert Louis Stevenson als Kind mit seinen Eltern besuchte. Entlang der Strandpromenade herrschte Seebadatmosphäre mit Sonnenschirmen, Liegestühlen und Picknick-Trupps. Gegenüber vom Strand standen weißgestrichene Häuser, richtige Schmuckstücke, eines schöner als das andere. In den Vorgärten wuchsen struppige Heckenrosen, Palmen und subtropische Pflanzen.

Bei Kaffee und Kuchen schauten wir über die mit Felsbrocken durchsetzte Sandstrandküste. Spiegelglatt lag die Nordsee im Sonnenlicht. Ein paar Möwen sausten durch die Lüfte, während unsere Augen zum einhundert Meter hohen Bass Rock wanderten, der etwa zwei Kilometer vor der Küste lag. Aus der Ferne sah die Felseninsel wie eingeschneit aus, so dicht hockten die weißgefiederten Basstölpel beieinander.

Schon Wochen zuvor hatte mein Sohn Aaron Kontakt zum Scottish Seabird Center in North Berwick aufgenom-

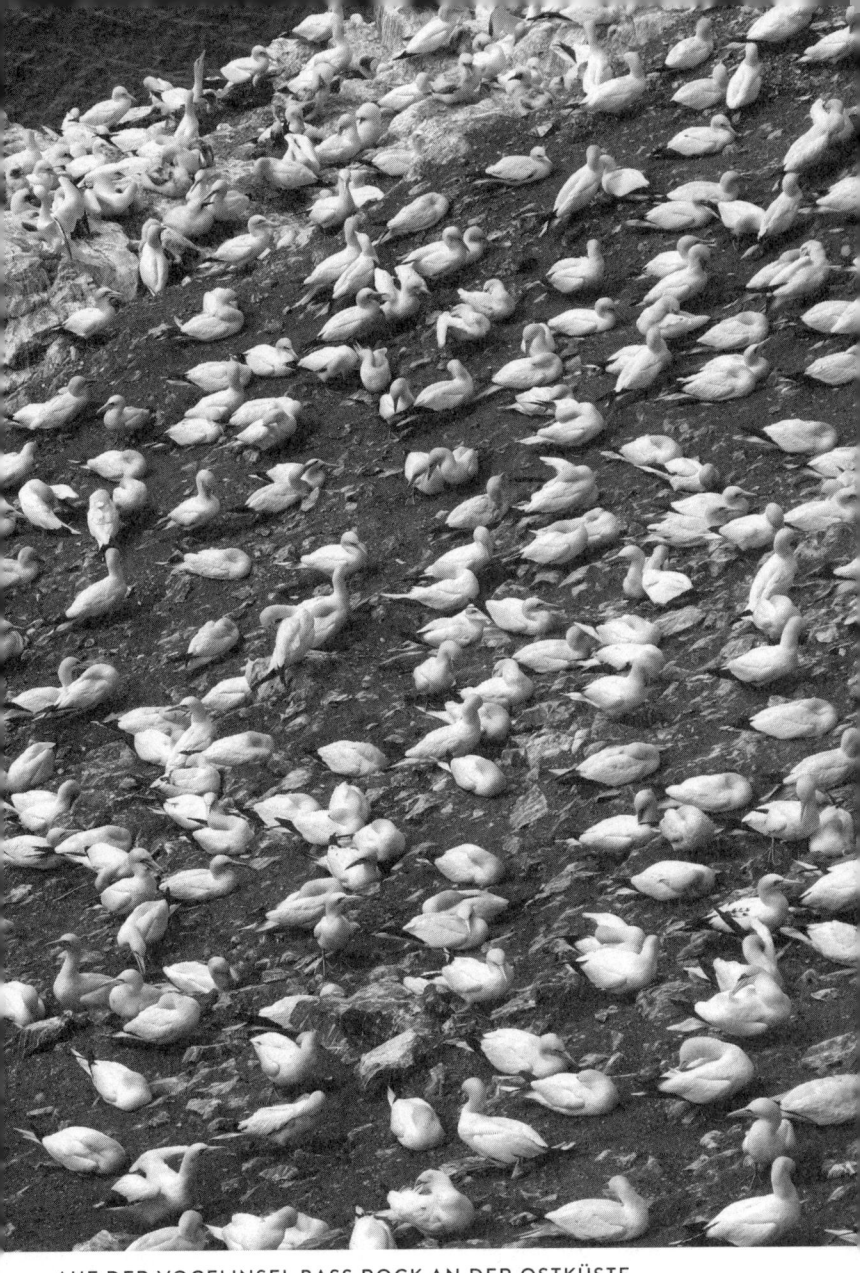

AUF DER VOGELINSEL BASS ROCK AN DER OSTKÜSTE
SCHOTTLANDS LEBEN BIS ZU 200 000 BASSTÖLPEL. ES IST
DIE GRÖSSTE BASSTÖLPEL-POPULATION DER ERDE.

men, dessen Mitarbeiter sich um die Vogelwelt auf dem Bass Rock kümmern. Nach mehreren Telefongesprächen bekamen wir die Zusage für eine Überfahrt zu dem unter Naturschutz stehenden Vogelfelsen. Unsere Tourbegleiterin Maggie Sheddan hatte sich um einen Motorkutter bemüht, dessen Bug der Name *Braveheart* zierte. Der Skipper war ein Fischer mit wettergegerbtem Gesicht, Rollkragenpullover und Jeans. Als wir sein Schiff bestiegen, grüßte er nur kurz, verstaute unsere Fotoausrüstung und startete den Motor. Ein leichtes Zittern ging durch den Kutter und ließ meinen Körper vibrieren. Von Dieseldünsten umwölkt legte das Boot ab, verließ das Hafenbecken und tuckerte auf die See hinaus, eskortiert von einer Handvoll Möwen.

Weit voraus ragte der mächtige Bass Rock aus dem Meer. Menschen fanden den etwa fünf Hektar großen Felsbuckel, im Gegensatz zu den Basstölpeln, nie besonders anziehend. Von Maggie erfuhren wir, dass es nur wenige Besiedlungsversuche gegeben hatte. Davon zeugten die Überreste einer Festung, die im 17. Jahrhundert auch als Gefängnis für religiöse und politische Gefangene genutzt worden war, und die Ruinen einer heiligen Klause, die man nach dem Einsiedler St. Baldred benannt hatte, der im 8. Jahrhundert auf der Insel gelebt haben soll. Zudem gab es noch einen zwanzig Meter hohen Leuchtturm, der 1902 erbaut worden war, nach Plänen von David Alan Stevenson. Mehr Bauaktivitäten hatte es auf der kargen Felsinsel nicht gegeben, die sich seit 1706 im Besitz der Familie Dalrymple befindet.

*

Die Überfahrt zum Bass Rock war ein Vergnügen. Wir hatten Glück mit dem Wetter. Kein Wind, kaum Wellen, eine ungewöhnlich ruhige See. Die Erregung wuchs, als wir der Felsinsel näher kamen und zahllose Vögel unseren Kutter umkurvten. Mit verblüffender Schnelligkeit segelten sie ohne große Flugbewegungen durch die Lüfte, schossen mit unglaublicher Leichtigkeit über die sanften Wellen hinweg.

Schließlich drosselte unser Skipper den Motor und drehte das Boot mit dem Bug zur Insel; es stieß nur kurz gegen eine in den Fels gehauene Anlegestelle. Über unseren Köpfen war ein unheimliches Geflatter, als wir über die Reling kletterten. Ganze Geschwader von Basstölpeln umschwirrten uns. Das Kreischen aus Tausenden von Vogelhälsen erfüllte die Luft.

Auf einer steinernen Treppe folgten wir Maggie bergauf, passierten die Überreste der alten Festungsanlage und erstiegen einen mit Vogelmist und Federn übersäten Pfad. Manchmal war es, als würden wir über aufgeweichten Biskuit gehen. Wo wir auch hinsahen: Vögel, Vögel und nochmals Vögel. Trottellummen, Tordalken, Papageitaucher, Dreizehenmöwen, Krähenscharben und Eissturmvögel. Vor allem sahen wir Basstölpel, ganze Kolonien. Dicht an dicht hockten sie auf sanft ansteigenden Felshängen, in Steinmulden oder auf schmalen Vorsprüngen der senkrechten Steilwände. Damit nicht genug. Wie Segelflugzeuge schwirrten die Basstölpel durch die Lüfte, Flügelspannweite bis zu zwei Meter. Ihre virtuose Flugkunst war faszinierend. Manchmal flogen sie an uns so nahe vorbei, dass wir die Köpfe einzogen.

Maggie wies uns den Weg zum Bergplateau und bat darum, beim Gehen keine schnellen Bewegungen zu machen, um die Vögel nicht zu erschrecken. Also setzten wir vorsichtig einen Fuß vor den anderen, um den Basstölpeln nicht zu nahe zu kommen. Wenn wir nur einen falschen

Schritt machten und in eine Revierzone der gänsegroßen Meervögel traten, reckten sich uns sofort ihre drohend geöffneten Schnäbel entgegen und hackten in die Richtung unserer Beine.

In der Regel fliegen Vögel ja weg, wenn man sich ihnen nähert; auf dem Bass Rock aber nicht. Rasch wurde uns klar: Diese kahle Felsinsel war Vogelland, kein Terrain für Menschen. Hier herrschte die geschlossene Gesellschaft der Basstölpel, die nicht gerade zimperlich miteinander umgingen. Aggressiv und brutal gingen die Vögel mit zornigem Geschrei und den langen Bajonettschnäbeln aufeinander los, wenn sich ein Basstölpel dem Revier eines anderen näherte. Kein Wunder, dass wir auf unserem Weg durch das »Vogelparadies« immer wieder auf Kadaver stießen. Und als wir zwei verletzte Jungvögel entdeckten, die noch im Daunenkleid steckten, packte Maggie die Tiere in zwei große Plastikeimer, um die Vögel auf dem Festland wieder aufzupäppeln.

Hoch oben auf dem Bass Rock setzten wir uns auf den Felsboden und überließen uns dem Hier und Jetzt. Vollkommen hingerissen beobachteten wir eine von Menschen ungestörte Tierwelt. Aus nächster Nähe schauten wir den Basstölpeln in die Augen, hellblau bis hellgrau, umgeben von einem schwarzen dünnen Ring. Die Farbe der Köpfe glich einem Hauch von Aprikose. Der Schnabel war konisch geformt, von der Stirnbefiederung gut zehn Zentimeter lang, in der vorderen Hälfte fein gezähnt. Die großen Füße hatten vier Zehen, die mit Schwimmhäuten verbunden waren. Und der weißgefiederte Körper war stromlinienförmig. Eine ideale Physionomie, die den Basstölpeln es möglich macht, mit einer Geschwindigkeit von 100 Stundenkilometern ins Wasser einzutauchen, um Fische zu fangen.

Plötzlich setzten zwei Basstölpel neben mir zur Landung an. Die beiden Vögel berührten den Felsboden mit einer solchen Geschwindigkeit und körperlichen Wucht, dass sie strauchelten, ins Purzeln kamen und sich überschlugen. Wie beim Bodenturnen: Rolle vorwärts. Dann kamen sie zum Stehen, schüttelten ihren etwa drei Kilo schweren Körper und hockten sich ganz gelassen, fast aristokratisch, auf ihre gespreizten Füße, als wäre nichts geschehen.

»Hallo, ihr beiden«, sagte ich belustigt, und es kam mir in diesem Moment ganz natürlich vor, zu den Vögeln zu sprechen, die meinen Blick eine ganze Weile festhielten. Wahrscheinlich wünschten sie, dass wir verschwinden, damit sie mehr Platz hatten. Doch für mich war es eine große Freude, den weißgefiederten Basstölpeln so nahe zu sein. Ich konnte mich kaum erinnern, wann ich zum letzten Mal so etwas Phantastisches gesehen hatte, konnte meine Augen nicht von den Basstölpeln lassen, von der schwebenden Leichtigkeit ihrer Flugkünste. Wie gern wäre ich mit ihnen in die Lüfte gestiegen, so lächerlich das vielleicht klingen mag.

*

Wir verließen die Insel, wie wir sie erreicht hatten. Der Dieselmotor tuckerte, und die Wellen klatschten gegen die Bordwände. Aaron und ich saßen auf dem Deck und schauten uns wortlos an. Wir waren angefüllt mit Sinneseindrücken und fühlten uns wie berauscht; mich ergriff zugleich eine gewisse Melancholie, weil ich wusste, dass sich ein Tag wie dieser nicht wiederholen ließ.

Und während wir uns mit dem Fischkutter von dem Vogelstaat entfernten, drehte ich mich immer wieder zum

Bass Rock um – nicht nur wegen seines grandiosen Anblicks, sondern um mich zu vergewissern, dass er noch da war und sich nicht in der Weite der See aufgelöst hatte. Ich wollte Gewissheit haben, dass alles Erlebte nicht nur ein schöner Traum war.

17

ANKOMMEN

Wie man das Glück in den Alltag mitnimmt

Ich für meinen Teil, ich reise nicht,
um irgendwohin zu gehen, sondern um zu gehen.
Ich reise um des Reisens willen.
Die große Sache ist, sich zu bewegen.

ROBERT LOUIS STEVENSON

Um alles Neue und Fremde in mich aufzunehmen, habe ich auf meinen Wanderungen und Reisen das Gehirn darauf trainiert, stetig ›flugbereit‹ zu sein. Tag für Tag habe ich Erlebnisse und Eindrücke gesammelt, habe beim Gehen die Gedächtnisspeicher gefüllt, habe dem Wind, dem Flüstern der Bäume und dem Rauschen der Flüsse gelauscht – und mir aus den imposanten Landschaften gelegentlich sogar einfach ein Stück herausgeschnitten und mir in meinen ›inneren Rucksack‹ eingepflanzt, um all das Außergewöhnliche bei mir zu tragen: die hilfsbereiten Menschen und ihre andersartigen Lebensweisen; die Stimmen der Natur, ihre Nuancen von Licht und Farben; die Schönheit von Wäldern, Bergen und Seen; die Vielfalt der Erscheinungen von Wolken und Weite. All diese leuchtenden Erinnerungsbilder habe ich gespeichert und auf meiner Seelen-Landkarte fest verankert.

Und mit all diesen Bildern und Erlebnissen, die beim Ge-

ANGEKOMMEN: IM LAND DES DON QUIJOTE BLICKE ICH MIT MEINEM SOHN AARON ÜBER DAS DÄCHERMEER VON TOLEDO, DER EHEMALIGEN HAUPTSTADT KASTILIENS.

hen meine Sinne berühren, erreiche ich auf einmal meinen Zielort. Und nun? »Du bist angekommen«, sage ich mir. Doch meine Gedanken sind oft noch unterwegs. Und auch die Beine wollen nicht sogleich zur Ruhe kommen, sind an den Rhythmus des Gehens gewöhnt. Eigentlich müsste ich mich freuen, doch Euphorie will nicht so recht aufkommen. Selbst wenn mir Hunderte von Kilometern in den Knochen stecken und ich eigentlich überglücklich sein müsste, mein angestrebtes Ziel erreicht zu haben, empfinde ich kaum Freude über die Ankunft. Stattdessen bin ich manchmal geradezu ernüchtert. Warum?

Eine eindeutige Antwort ist mir selbst nach jahrzehntelanger Wanderlust nicht möglich. Aber ich habe Vermutungen: Beim Ankommen läuft meine Dynamik ins Leere. Die Beine wandern dann nicht mehr mit den Gefühlen synchron. Die Füße finden den Weg nicht mehr von selbst. Und all die körperliche Energie, die ich aufgewendet habe, um auf einem ausgewählten Weg zu einem bestimmten Ort zu gelangen, entschwindet. Zudem löst sich das herrliche Unterwegssein mit einem Male wie ein Traum auf, verflüchtigt sich. Und statt Glückseligkeit greift Melancholie nach mir. Für kurze Zeit verschwinden sogar die wunderbaren Reiseeindrücke in der Membran der freudlosen Gedanken. Zu übermächtig ist die alles durchdringende Realität des erreichten Ziels. Das sind Augenblicke, in denen das Glück der Ankunft nicht mehr ist als ein leerer Kopf.

Zu Beginn meiner Wanderlust war das noch anders. Seinerzeit war meine Seele hin- und hergerissen vor Glück, wenn ich mein Sehnsuchtsziel nach wochenlangem Unterwegssein erreicht hatte. Mittlerweile haben sich meine Empfindungen verändert. Ich habe erfahren und akzeptiert, dass ich in meinem Leben nun mal viel *Weg* und wenig

Ankommen brauche. Das wird verstehen, wer selbst einmal für längere Zeit mit dem Rucksack unter freiem Himmel auf Reisen war.

Gleichwohl bleibt die Frage: Wie gehe ich nach dem Ankommen mit meiner inneren Leere um? Was tun? – Ich versuche die Situation zu meistern, indem ich alles Erlebte noch einmal im Kopf Revue passieren lasse, um der Reise einen logischen Schlussakkord zu geben. So komme ich auch innerlich langsam an, während meine Kopfbilder für eine freudige Stimmung sorgen. Zudem sage ich mir: Wenn dich irgendwann erneut der Hafer sticht, wirst du wieder aufbrechen. Auf einem neuen Weg, zu einem neuen Ziel. Das hilft – und erleichtert mir die Rückkehr.

*

Wieder zu Hause in Hamburg bereitet mir in den ersten Wochen meist das Schlafen in geschlossenen Zimmern Probleme. Mir fehlen die Sterne und die frische Luft. Also baue ich mein Zelt im Garten auf.

Meine Frau Rita hat dafür Verständnis. »Wenn es dir draußen besser geht, musst du eben im Biwak schlafen. Ich komme damit schon klar!«, sagt sie.

Und so verbringe ich die eine oder andere Nacht im Garten, unter dem Astwerk von Kirsch- und Apfelbaum, bis ich mich wieder eingewöhnt habe. Das braucht immer etwas Zeit. Schließlich war das Zu-Fuß-Reisen über Wochen oder Monate ein temporärer Ausstieg aus der Sesshaftigkeit: Ich habe zwischenzeitlich ein ganz anderes Leben gelebt, habe die Natur und auch den Kosmos meiner Gefühlswelt erkundet, habe Autonomie und Freiheit gespürt. Wer solche Erfahrungen macht, braucht nach der Rückkehr eine Phase der Neuorientierung. Entscheidend dabei ist: Wie kann ich die neuen Erfahrungen in den Alltag einbauen? In meinem ›inneren Rucksack‹ bilden die Erinnerungen eine Art Refugium, in das ich mich immer wieder gerne zurückziehe. Ich bilanziere Begegnungen, Impressionen, Denk- und Sichtweisen, Gehörtes und Gelesenes, vergleiche und bewerte, ehe ich versuche, die neugewonnenen Erkenntnisse schließlich in Alltagsgespräche einfließen zu lassen – in meiner Familie oder bei Freunden und Bekannten.

Zu diesen neugewonnenen Erfahrungsschätzen zählen auch einige Worte Goethes, die ich vor ein paar Jahren auf einer Italien-Wanderung las und in mein Tagebuch schrieb. Worte, die Goethe im Februar 1829 zu seinem Vertrauten Johann Peter Eckermann sagte: »… aber die Natur versteht gar keinen Spaß, sie ist immer wahr, immer ernst, immer strenge; sie hat immer recht, und die Fehler und Irrtümer sind immer des Menschen. Den Unzulänglichen verschmäht sie, und nur dem Zulänglichen, Wahren und Reinen ergibt sie sich und offenbart ihm ihre Geheimnisse.«

Diese Worte sind für mich immer wieder ein ermutigender Denkanstoß. Selbst wenn ich weiß, dass der Mensch ein Gewohnheitstier ist, dem alles Neue und Fremde oftmals nicht so liegt, weil er die Meinung vertritt, die Dinge würden ja immer nur schlechter werden anstatt besser – ein Empfinden, das der eigene Körper uns im Laufe der Jahre erteilt –, so glaube ich dennoch, dass wir jeden Tag unsere Welt zum Besseren umgestalten können. Wenn sich unser Bewusstsein ändert. Wenn wir uns auf das Wesentliche beschränken. Und wenn wir begreifen: Zu Fuß hält die Seele Schritt.

Das Wesen des Reisens liegt nicht darin,
wohin man reist, sondern in dem,
was man auf dem Weg dahin sieht und lernt.

LORD BYRON

DANK

Jeder Autor braucht um sich »gute Begleiter«, mit denen er über seine Projekte und Geschichten reden kann. In dieser Hinsicht danke ich vor allem zwei Menschen: meiner Frau Rita und Matthias Politycki.

INSPIRATION FÜRS LEBEN VON JOHN STRELECKY

Die Bücher von John Strelecky berühren die Seele und geben wertvolle Denkanstöße für das eigene Leben.

EINLADUNG ZUR ENTDECKUNGSREISE